근사한 하루를

엮은이 : 남은희

지은이 : 2022 신당중 독서 인문 동아리

"읽고 사랑하고 기도하라"

3-1 박성준, 3-1 유효린, 3-1 장민경,

3-2 박승욱, 3-2 박선예, 3-3 권한비,

3-3 전상혁, 3-4 박상현, 3-4 윤혜빈

북트리

근사한 하루를

엮은이 : 남은희

지은이 : 2022 신당중 독서 인문 동아리

"읽고 사랑하고 기도하라"

3-1 박성준, 3-1 유효린, 3-1 장민경,

3-2 박승욱, 3-2 박선예, 3-3 권한비,

3-3 전상혁, 3-4 박상현, 3-4 윤혜빈

북트리

서문

　인문계 고등학교에서 16년을 근무한 후 중학교 발령을 받게 되면서 고등학교 소인수 과목으로 논술 강의를 맡게 되었습니다. 낮에는 중학교 1학년을 가르치고, 저녁에는 고등학교 3학년을 가르치는 웃지 못할 상황에 처하게 되었지요. 논술을 강의하던 첫해, 9명의 아이들과 최인훈의 '광장'을 읽고 토론을 하다가 "너에게 중립국은 어떤 곳이니?" 물어보았습니다. 한 아이가 대답하기를, 학교도 집도 부담스럽고 불편해서 학교에서 집으로 가는 길목에 있는 가로등 아래에 서 있을 때 가장 마음이 편하다고 해요. 가끔은 한참을 서 있다가 집에 들어간다고 합니다. 길거리 가로등 아래가 자신의 중립국으로 말하는 그 학생의 이야기를 시작으로 나머지 학생들이 돌아가면서 자신의 심정을 털어놓기 시작했고 논술 교실은 눈물바다가 되었지요. 수업 마지막 시간에 아이들은 팍팍한 고3 생활 가운데 논술 수업이 오아시스가 되어 주었다고 해요. 이런 경험을 한 후 저는 인문학 수업에 눈을 뜨게 되고 양질의 도서를 잘 요리하여 아이들과 맛있게 나누어 먹을 수 있는 수업을 개발하게 되었습니다.

　신당중학교에 발령받으니 전교생의 50%가 다문화 학생이고, 전 학년 특수학급이 있어 통합학급으로 운영되고 있었어요. 몽골, 필리핀, 베

트남, 나이지리아, 일본, 중국, 러시아, 우즈베키스탄, 캄보디아, 파키스탄, 태국에서 온 아이들이 한국어와 한국 문화에 적응하기 위해 애를 쓰고 있었고, 이미 뼛속 깊이 한국인인 아이들도 상당수 있었습니다. 이 아이들과 함께 인문학 도서를 읽고 책의 배경이 되는 곳을 여행하며 토론하고 글쓰기를 해보고 싶은 마음에 동아리 취지를 설명하고 가입을 권유했지요. 올해 3학년이 본을 잘 보였으니 내년에 후배들은 좀 더 적극적으로 참여할 것이라 기대해 봅니다.

서울과 거제도를 누비고 다니며 아이들은 서로를 챙기고 교사인 저를 챙기고 서로의 모습에서 배우고 많이 밝아졌답니다. 아이들의 인식이 열리고 성장하는 모습을 보니 교사로서 보람을 느낍니다. 마지막 시간에 영화를 보고 소감문을 써내는 것으로 올해의 활동을 마무리했습니다. 복도에서 마주칠 때면 동아리 또 모임 없냐고 묻기도 하는데 한편으로 고맙고 한편 정이 많이 들어 졸업시키려니 아쉽습니다.

한 해 동안 인문 독서 동아리 활동을 함께하며 아이들과 많이 놀아주려고 애썼습니다. 교사인 저는 놀 수 있는 장을 만들어 주었고 아이들은 자신만의 책을 썼습니다. 아직 미완성이라 느끼며 세상에 내놓기를 부끄러워하지만 그 용기에 박수를 보냅니다. 애정 어린 시선으로 읽어주시고 마음으로 응원해주시기를 부탁드리며 다음 여행지는 또 어디가 될지, 누구와 함께하게 될지 기대하며 서문을 마무리합니다.

신당중학교 교사 남은희

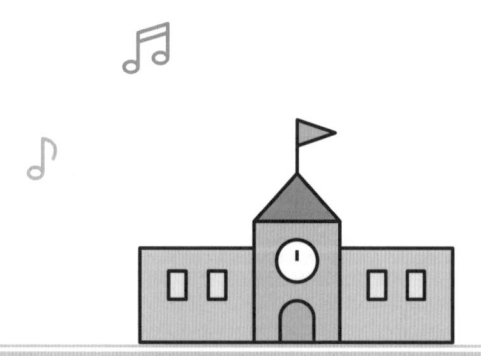

목차

- 행복에 대하여 …… 8
- 아름다움의 비결 …… 11
- 시와 가을 …… 13
- 나에게는 꿈이 있습니다 …… 31
- 자각몽 …… 34
- 한국어 배움 일기 …… 51
- 근사한 하루를 …… 54
- 저의 이야기 …… 72
- 가족이기 때문에, 행복 …… 81
- 여름 …… 84
- 역사소설 『대한』 …… 89
- 열대야 …… 106
- 이한이와의 이세계 픽먹 …… 114
- 소중한 너희들에게 …… 125
- 거룩히 타오르리니 …… 128
- 동주를 만나다 …… 180

행복에 대하여

3학년 1반
장모세스친케레스킨

안녕하세요? 오늘 행복에 관해 이야기해 봅시다.

행복이라는 게 무엇일까요?
가난한 사람에게 행복은 음식을 먹는 것, 옷을 입는 것, 침대에서 잠을 자는 것입니다. 하지만 학생에게 물어보면 답이 다릅니다. 학생에게 행복은 좋은 음식을 먹고, 시험을 잘 보는 것입니다. 이것에 따라 행복은 사람마다 다릅니다. 또한 내가 원하는 것을 가지고 있는 것입니다.
하지만 사람들은 원하는 것을 얻으면 만족하지 않고 더 얻고 싶습니다. 그리고 대부분 사람들이 SNS에서 다른 사람의 삶을 보면 덜 만족됩니다.
이것을 어떻게 해결합니까?

첫 번째, 네 삶과 다른 사람의 삶을 비교하지 마세요. 다른 사람의 삶과 비교하면 더 슬퍼지고 내가 실패자라고 생각하기 시작할 거예요.

두 번째, 당신이 진짜 원하는 것을 알아보고 그것을 위해 노력하세요. 예를 들면 살을 빼고 싶으면 운동을 하고, 공부를 잘하고 싶으면 열심히 공부해요.

세 번째, 당신이 가진 것에 만족하세요. 왜냐하면 당신이 원하는 것을 다 가질 수 없기 때문입니다. 이렇게 살아가면 다른 삶을 질투하지 않을 것입니다. 그리고 당신이 원하는 삶에 대한 생각만 하지 않고 원하는 삶을 가지려고 노력하게 될 거예요. 그리고 행복은 당신이 원하는 것을 가지는 것만이 아니에요.

또한 행복은 걱정하지 않은 것입니다. 사람이 늘 걱정을 하면 행복할까요? 아니지요? 그래서 항상 덜 걱정하려고 노력해 보세요. 시험을 합격하지 않을까 하는 걱정, 나의 미래 걱정, 다른 사람이 나에 대해 어떻게 생각하는지에 대해 걱정을 많이 하면 안 돼요. 걱정은 좋은 것이지만 많이 하면 나쁜 것이 됩니다.

또한 다른 사람이랑 다투거나 싸움을 하지 마세요. 이런 것은 사람을 슬프게 합니다. 다른 사람에게 친절하세요. 그리고 네가 대우하고 싶은 방식으로 다른 사람을 대우하세요. 남을 돕습니다. 대부분 사람들이 다른 사람이 도와주면 행복해져요. 새로운 약을 하지 마세요. 마약하는 애들은 실패할 가능성이 더 높습니다. 매일 밖에 가서 친구를 만나고 친구가 없으면 친구를 만들고 휴대폰을 덜 사용하세요. 그리고 가족이랑 시간을 많이 보낼 수 있도록 노력해야 해요. 이렇게 계속 살아가면 행복해져요

우리 이야기하는 것에 따라 행복은 여러 뜻을 가지고 있고 행복해지려고 노력도 해야 합니다.

아름다움의 비결

3학년 4반
아이샤

아름다움의 비결

수많은 별들과 함께 있지만
언제는 달도 외롭지 않을까?

자신의 몸에 드러난 멍이
왜 생겼는지 말해 줄 친구가
필요하지 않을까?

저 까만 하늘에 수많은 별들 사이
아름답게 떠 있는 달을 보며
나는 가끔 생각한다

달의 친구가 되고 싶다
달의 행복이 되고 싶다
저 달과 소통하고 싶다
저 먼 달에게 아름다움의 비결을 묻고 싶다

달은 대답한다
조금만 견뎌!
넌 나보다 더 밝게 빛날 거야

시와 가을

3학년 3반
권한비

소개 글

살다 보면 그런 날 있습니다.

일어났는데 갑자기 기분이 좋지 않은 날

무엇을 해도 짜증 나고 괜히 자존감이 낮아지는 날

그런 날 따뜻한 코코아 한 잔을 마시며

시를 씁니다.

나에게 보내는 위로의 편지를

목차

- **꽃** — 꽃에는 그에 맞는 향기와 빛깔이 있다
- **가을** — 사람들의 옷은 더욱 두꺼워졌다
- **가족** — 이 행복이 오래가기를
- **공부** — 포기 말고 노력하자
- **우울한 날** — 편안하게 잠자리에 들어보는 것이 어떨까?
- **여드름** — 얄미운 녀석들!
- **친구** — 언제까지고 함께하기를!
- **어린이** — 걱정 없던 그때가 그리울 때가 많다
- **별** — 밤하늘을 밝게 빛내는 아름다운 별들
- **벙어리 장갑** — 이제 어떤 추위라도 따뜻할 우리
- **구름** — 하늘에서 열리는 멋진 패션쇼
- **고양이** — 도도한 척하지만 엉뚱한 너의 행동…
- **어머니** — 주방에 서 있는 작은 뒤통수
- **소나기** — 어두운 거리 빗방울들이 들려주는…
- **사계절** — 이번 일년도 무사히 지나간다
- **장미** — 운명의 누군가를 찾고 있어요

책쓰기 활동 소감

남은희 선생님께

컴퓨터가 최근에 맛이 가서

수리 기사님께 맡겼더니

소설을 썼던 파일이 날아갔습니다

현재는 멘탈이 나가서 소설 복구는 힘들 것 같습니다

그래서 급하게 시를 써 보았습니다

그래도 소설을 완전히 포기한 건 아니라서

시간이 나면 하나하나 복구해 보도록 하겠습니다

늦게 내서 죄송합니다

1. 꽃

꽃에는 그에 맞는 향기와 빛깔이 있다

매력적인 향기
상큼한 향기
달달한 향기

이러한 수많은 꽃들이 있지만
그들 사이 내 눈을 이끈 건
작지만 그 존재를 확실히 빛내는 존재였다

당신 말이다

2. 가을

푸른 잎들도 떨어지고
뜨끈한 붕어빵을 파는 아저씨들도 보이고
사람들의 옷은 더욱 두꺼워졌다

누군가에게는 정말 추운 계절일 수도

누군가는 아직 따뜻한 계절일 수도 있겠지만

머리 위
푸른 가을 하늘을 보면
모두 넋을 놓고 바라볼 수밖에 없을
계절
가을

3. 가족

유쾌한 개그로
우리 남매를 웃게 해 주시는
아버지

늘 긍정적인 에너지를 주시는
어머니

우리 집 막둥이
내 동생

말할 필요 없이 모두 소중한 존재

누군가가 곤경에 처하면

한마음 한뜻으로 도와주는

우리 가족

이 행복이 오래가기를…

4. 공부(수능 파이팅 :))

초등학생부터 고등학생이 될 때까지

우리의 곁을 떠나지 않았던 공부

떼어내려 노력은 하지만

항상 나의 뒤를 쫓아다니지

하지만 11년이 지난 지금

이것을 이제야

떼어 낼 수 있게 되었으니

끝까지

포기 말고 노력하자

5. 우울한 날

살다 보면 그런 날 있다
일어났는데 갑자기 기분이 좋지 않은 날
무엇을 해도 짜증 나는 날
괜히 자존감이 낮아지는 날

그런 날이 오게 된다면
집에 가서 따뜻한 코코아 한 잔을 마시며
내가 좋아하는 플레이리스트 곡들을 들으며
직장에서 있던 일을 싹 털어버리며
편안하게
잠자리에 들어보는 것이 어떨까

6. 여드름

뺨에
빼곡한 여드름이
빨강 주황 노란색
색깔이 다양하다

신경이 쓰여 툭 짜면

이 승질 난 녀석이

빨간색으로 변해 버리니

마스크로 가려보지만

이 녀석이 외로웠는지

자기 친구를 데려와 버리니

가만히 놔둘 수밖에 없다는 게

얄미운 녀석들

7. 친구

같은 뱃속에서

태어나진 않았지만

어쩌면

형제 또는 자매보다

더 가까울 수도 있는

우리

가끔은

어른에게도 털어놓지 못할 얘기를

서로에게 털어놓을 수 있는

우리

좋은 예감이 드는 이 인연

언제까지고

함께하기를

8. 어린이

아무런 걱정 없이

놀이터에서 놀고

집에 돌아와선

여유롭게 텔레비전을 보고

잘 때는 동화책을 보며

꿈이 많았던

나는

당장 눈앞의 현실도 어떻게 될지 모르며

예측 불허한 삶을 살고 있는

중학생

걱정이 없던 그때가

그리울 때가 많다

9. 별

밤하늘을 밝게 빛내는

아름다운 별들

커다란

엄마별도 있고

엄마 곁에 꼭 붙어 있는

아가별도 있고

저 멀리서 열심히 빛을 내고 있는

아빠별도 있다

별들은 생물체가 아니라지만

내가 본 별들은

인간과 다를 게 없는 별 가족이다

10. 벙어리 장갑

추운 겨울이 오고
추워진 바깥

오들오들 떨고 있던 나에게 건넨
벙어리 장갑

작고 볼품도 없던 장갑이지만
둘이서 나누어 끼면
그 어떤 장갑 부럽지 않은
온기를 나눌 수 있던
벙어리 장갑

이제 그 어떤 추위라도
따뜻할 수 있는
우리

11. 구름

어떤 날은 배 모양의 구름

어떤 날은 도넛 모양의 구름

어떤 날은 꽃 모양의 구름

색깔까지도 달라지니

어떤 날은 검정색 구름

어떤 날은 하얀색 구름

어떤 날은 분홍색 구름

하늘에서 열리는

멋진 패션쇼

오늘은 어떤 구름일지

궁금하다

12. 고양이

도도한 척하지만

엉뚱한 너의 행동은

숨길 수가 없는걸

여기저기 돌아다니면
쿵! 와장창
아주 난장판이 되지만

잘못 없다는 듯
천진난만한 표정 보면
꾹 참게 되지

13. 어머니

주방에 서 있는
작은 뒤통수

어렸을 적엔
이 뒤통수가
커다랗게만 보였어

이 뒤통수 뒤에
숨겨져 있는
가장의 무게를 몰랐어

그저 앞모습의

웃는 얼굴 밖에

보이지 않았지만

이젠,

좀 알 것 같아

어머니의 손의

굳은살의 의미를

14. 소나기

불 꺼져 있는

어두운 거리

빗방울이

하나둘

내리기 시작한다

가로등과 빗물이

마찰하며 타닥

쓰레기통과 빗물이 마찰하며 통통

어두운 거리
빗방울들이 들려주는
음악 소리

15. 사계절

분홍색의 벚꽃이
지상 곳곳을 뒤덮는
계절 봄

푸른 빛깔의 바다와
쨍쨍한 햇볕의
계절 여름

알록달록 단풍과
호호 불어먹는 호빵의
계절 가을

하얀 눈과

크리스마스 트리의

계절 겨울

가지각색의 매력을 띄고 있는

사계절을 보내며

이번 1년도 무사히 지나간다

16. 장미

가벼운 눈빛으로

나를 보진 말아 주세요

다른 누군가의 시선을 받으면

루비같이 얼굴이 빨개질 테니까요

만지지는 말아 주세요

뾰족한 가시가 당신을 찌를 테니까요

사랑받기를 원하지만

이 마음속의

지울 수 없는 상처로 남을 것 같아

처연하게 있을 수밖에 없어요

카랑카랑한 누군가의 목소릴 들으면
터질듯한 마음이지만
푸르게 몸에 돋아난 가시 때문에
하염없이 바라볼 수밖에 없어요

그러나 언젠가는
나를 돌아봐 줄
운명의 누군가를
늘 찾고 있어요

나에게는 꿈이 있습니다

3학년 3반
김지원

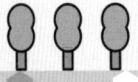

나에게는 꿈이 있습니다

　나에게는 꿈이 있다. 사소하고 소소한 그런 꿈들이 있다. 우리가 살아가는 사회에서는 꿈을 찾아볼 수 없다. 하지만 우리 각자에게는 살아가면서 꿈이라는 것을 한 번씩 가지게 된다. 꿈은 꼭 직업일 필요는 없다. 돈을 버는 것이 아니어도 괜찮다. 남의 시선을 의식하며 가지지 않아야 온전히 내 꿈이라고 할 수 있는 것이다. 꿈은 그냥 내가 원하는 것, 내가 하고 싶은 것이다. 그것이 무엇이든 간에 말이다.
　나에게는 그런 꿈이 있다. 매번 바뀌고 또 바뀌지만 오히려 좋다. 내가 아직은 꿈꿀 수 있는 나이라는 것을 느끼게 해주는 것 같아서 유치원생이 된 것만 같은 기분이 든다. 꿈은 그런 것이다. 소소하지만 소중하고 어린아이의 순수한 마음처럼 아름다운 것, 그것이 바로 꿈이다.

　내가 처음 꿈이라는 것을 가지게 된 나이는 6살이었다. 유치원에서 꿈을 종이에 그리는 시간이었는데 한 명도 빠짐없이 직업을 그렸다. 나도 직업을 그렸다. 유치원생의 나에게 꿈은 직업이었나 보다.

　초등학생이 되어서는 두 번째 꿈을 가지게 되었다. 내가 두 번째로 가지게 된 꿈도 하나의 직업에 불과하였다. 그리고 자주 바뀌었다. 하루는 간호사가 되고 싶다가도 일주일이 지나면 판사가 되고 싶던 가벼운 꿈을 가진 나였다. 초등학생인 나에게 꿈은 상황과 환경에 영향을 전혀 받지 않았다. 아마 꿈이 바뀔 때마다 나는 행복했을 것이다. 그때의 나는 아무 걱정이 없었고, 아무것도 몰랐으니 말이다.

　중학생이 되어서는 외교관이 되고 싶었다. 이 꿈은 쉽게 바뀌지 않았고, 외교관이 되기 위해 외고 진학도 계획했다. 하지만 2학년이 되어서 이 꿈은 사라졌고, 항상 꿈이 있었던 나에게서 꿈이 사라지니 당황스럽기도, 막막하기도 했다. 그렇게 처음으로 꿈의 공백기를 가졌다.

　시간이 흘러 3학년이 되었을 때는 식품 연구원이 되고 싶었다. 그리고 미래에 대해 생각하게 되었다. 돈을 많이 벌기 위해 CEO가 되는 것을 최종 목표로 두었고, 나에게 꿈은 미래가 되었다. 이렇듯 미래는 단순하게 시간의 흐름과만 관련된 것이 아니라 꿈과도 밀접하게 관련된 것이다. 만약 누군가 우리에게 미래가 있느냐고 물었을 때 우리는 바로 대답할 수 있어야 한다. 꿈도 마찬가지이다. 우리는 항상 꿈꾸고 살아가야 한다. 매번 그것이 바뀌더라도 말이다.

자각몽

3학년 2반
박승욱

소개 글

꿈과 현실을 구분 못하는 주인공에게 일어난 일, 숨 막히는 일들 속에서 주인공은 어떻게 해결해 나갈까?

목차

1. 상경 그리고 첫 출근
2. 이채령 대리님
3. 이채령
4. 혼돈
5. 자각몽
6. 사랑하기 때문에

책쓰기 활동 소감

　글쓰기 동아리는 잔잔하고 느긋한 동아리인 줄 알았지만 참여해보고 여러 가지 활동들을 해보니 다른 동아리들보다 바쁜 동아리인 거 같다. 내가 쓴 글이 책에 적힌다는 것이 흥미롭고 작가가 되지 않는 한 다시 없을 일인 것 같아 큰 기대를 했다. 하지만 막상 글을 쓰려고 하니 주제도 생각이 안 나고 글을 어떻게 풀어나가야 할지, 어느 정도의 분량으로 적어야 할지 막연해서 수없이 고민했다.

　그렇게 고민하여 '자각몽'이라는 작은 소설이 만들어졌다. 하지만 처음 적어 본 글이라 미숙한 부분도 많고, 잘 다듬어지지 않는 부분들도 많이 있다. 막상 내가 쓴 글을 읽어보니까 어느 정도는 이해를 할 수 있어 뿌듯한 느낌을 받는다(나만 이해되는 것일 수도 있겠지만). 이런 기회가 한 번 더 주어지게 된다면 조금 더 세세하게 다듬고 이야기를 풀어 적고 싶다. 이번에도 주어진 시간은 무척 많았지만 처음 적는 탓인지 술술 풀리지 않아 조금 오래 걸린 것 같다. 내 글이 책에 적힌다고 생각하니 긴장되면서 기대된다. 짧은 글이지만 독자들이 읽으면서 뒷이야기를 상상해 주었으면 하는 바람이다.

1. 상경 그리고 첫 출근

"이제 마음대로 컨트롤이 가능해졌어!"

다른 사람과 다르게 나는 꿈을 조절하는 희귀한 존재가 되었다.

〈넉 달 전…〉

나는 막 취업을 한 사회 초년생 직장인이다. 지방에 살던 나는 직장 때문에 서울에서 자취를 하기로 했다. 엄마는 내가 혼자 있는 것이 걱정된 탓인지 키우고 있던 고양이 '치치'를 같이 보냈다.

지방에서 서울까지 거리가 있어 기차를 타고 이동했다. 들뜬 마음과 한편 두려움 마음, 걱정스러운 마음으로 도착하였다. 자취방을 구하기 위해서 이리저리 돌아다녀 봤지만 낯선 서울에서 아직 길을 찾기엔 미숙함이 있었다. 주소를 더듬어 조용한 골목길을 따라 들어가 드디어 내가 계약한 집을 찾았다.

— 띡… 띡… 띡… 띡… —

왠지 모를 낯선 느낌이다. 남의 집의 비밀번호를 누르고 들어가는 것만 같다. 문을 열자 차가운 바람이 불어왔다. 묘한 기분이 들었다. 이삿짐을 정리하기 전, 곳곳의 먼지를 떨어내고 가구들이 놓일 자리를 잡았다. 정리를 마치고 집을 둘러보니 집 크기보다 가구들이 적어서 빈자리가 많이 있었다. 내 집이 생겼다는 들뜬 마음에 다음날 출근이 어떻게 될지를 망각한 채 새벽까지 집을 꾸미고는 겨우 잠자리에 들었다.

아침에 일어나니 새로운 나의 보금자리가 어색했다. 밤늦게까지 이삿짐을 정리하느라 피곤한 몸을 일으켜 첫 출근 준비를 했다. 어색함을 털어내고 상경한 상황에 적응하며 첫 출근을 준비했다. 자취방에서 회사까지는 어느 정도의 거리가 있어 대중교통을 이용해서 출근해야 하지만 이제 막 사회에 뛰어든 나는 돈을 조금이라도 아끼기 위해서 걸어서 출근했다. 8월 중순이라 그런지 덥기는 더웠다. 땀을 흘리며 "오늘은 버스를 탈 걸……." 혼자 중얼거리며 회사에 도착했다.

첫 출근이라 긴장의 끈을 단단히 부여잡고 내 자리로 이동하였다. 아직 인턴이라 그런지 큰 업무는 없었고 간단한 서류 정리만 하면 됐다. 오후가 되자 피곤함을 이기지 못하고 나도 모르게 깜빡 졸고 있는데, 이채령 대리님이 다가와 커피 한 잔을 타 주셨다. 피곤한 눈을 찔끔 뜨며 얘기했다. "죄송해요… 어제 이삿짐 정리 때문인지 졸았네요. 커피 잘 마시겠습니다." 그러자 이대리님이 친절한 말투로 "괜찮으니까 어려운 일 있으면 저 불러요"라고 얘기해 주셨다. 정신을 차려 창밖을 보니 해는 지고 있었다. 내가 졸고 있는 모습을 다른 사람이 봤을까 걱정하며 남은 업무를 서둘러 끝냈다. 퇴근 시간이 다가오자 과장님이 신입 사원도 왔으니까 회식 자리를 만드셨다고 했다. 식사 후 주위를 둘러보니 하나둘 회식 자리에서 빠져나간다. 나는 막 들어온 신입 사원이라 피곤하지만 회식 자리를 빠져나올 수 없어 남은 회사 직원들과 분위기를 맞추며 끝까지 자리를 지키고 있었다. 그 자리에는 아까 친절하게 말을 해 주었던 이채령 대리님도 있었다. 회식 자리에서 이런저런 얘기를 하며 분위기가 무르익었고 술잔이 오고 갔다. 정신이 몽롱해지기 시작하면서 취하기 시작했다는 걸 알았다. 부장님의 눈치를 보며 조금씩 마시다 시간이 늦었으니 해산하자는 부장님의 말씀에 얼른 각자의 집으로 헤어졌다.

2. 이채령 대리님

집으로 가는 길에 회식 자리에서 실수한 건 없을지를 되새기고 있었다. 회식 자리에서 우연히 알게 된 사실이지만 이채령 대리님하고 고등학교 동창이었다. 이채령 대리님도 지방에 살다가 직장 때문에 서울로 와서 자취 생활을 한다는 것이다. 집으로 가면서 혼자 곰곰이 생각했다. "걔는 나 기억하고 있을까…?"

어렴풋이 옛 생각이 하나둘씩 났다.
내가 이채령을 좋아했다는 것도 기억이 났다.
'내가 이채령 많이 좋아했었는데……'
옛 생각에 푹 빠져 시간 가는 줄 모르고 걸었다. 날씨가 추워져 무심코 주머니에 손을 넣었는데 숙취해소제랑 그 위에 포스트잇이 붙어 있었다.

'술이 조금 되셔서 챙겨드려요^^ 다음 주에 봬요'

이름이 안 적혀 있었지만 바로 알 수 있었다. 예쁜 글씨체, 눈치 빠르고 배려심 깊은 사람 이채령이었다. 이런 것 때문에 내가 채령이를 좋아했던 것 같다. 집 앞까지 도착하여 비밀번호를 누르고 들어가는데 어제랑 다르게 따뜻한 바람이 불어왔다. 첫 출근 잘하고 와서 수고했다고 말하며 나를 포근하게 안아주는 것만 같았다. 따뜻한 공기를 느끼며 집으로 들어서는데 본가처럼 가구들이 빼곡하게 채워져 있지 않아 휑하고 차가운 느낌을 받았다. 따뜻하게 씻고 잠자리에 들 준비를 하다가 채령이가 준 숙취 해소제가 생각이 나 마시고 잠이 들었다.

'띠리링… 띠리링…띠리……' 알람 소리에 깨어났다. 어제 먹은 숙취 해소제 때문인가…. 상쾌하게 깰 수 있었다. 아직 집이 낯설어서 내 집처럼 느껴지진 않지만… 오늘도 회사를 가기 위해 준비를 하고 조금이나마 돈을 절약하기 위해 걸어서 출근했다. 회사에 도착하자마자 이채령이 나를 따로 불러내었다. 그녀가 나를 왜 부르는지 이유는 모르겠지만 어제 일에 감사하다고 표현하기 위해 따라갔다.

이채령이 엄청 반가운 표정과 말투로 말했다.
"너 고등학교 때 나랑 같은 반이었던 서민준 맞지?!!!"
나를 기억 못할 줄 알았는데 기억하고 있어서 엄청 놀랐다. 나는 놀란 표정으로
"어… 맞어… 나를 기억하고 있을 줄은 몰랐네."

내심 나를 기억해주고 있다는 게 너무 좋았고 고마웠다.

서로 어떻게 지냈냐는 등 얘기를 나누며 그녀와 이야기를 이어갔다.

"연락이 끊겨서 어떻게 지냈는지 몰랐는데… 이렇게 또 만나네…"

"그렇네. 잘 지냈어?"

"응! 너 보니깐 옛날 기억이 다 나네… 너 나 좋아했었잖아?"

"….어?? 어떻게… 알고 있었어?"

그때 긴급회의가 끝나지 않았는지 과장님이 채영이를 갑자기 불렀다. 그렇게 내 질문에 대한 그녀의 대답을 듣지 못하고 이채령은 회의에 갔고 나는 업무를 봤다. 아까의 답을 못 들어선 지 업무가 눈에 잘 안 들어왔다. 너무 답답한 나머지 이채령한테 옛날얘기도 할 겸 저녁밥을 같이 먹자고 메시지를 보냈다. 10분 뒤 대답이 왔고 그녀는 알겠다고 했다.

3. 이채령

남은 업무를 정신없이 하다 보니 퇴근 시간이 다가왔다. 7시쯤 부장님이 자리에서 일어나며 "이번 주 수고 많았으니 푹 쉬고 다음 주에 봅시다."라고 말씀하셨다. 눈치를 보며 짐을 챙기고 이채령이랑 저녁밥을 먹으러 갔다. 막상 그녀의 대답을 들으려고 하니 뭔가 어색해진 것 같아 먼저 말을 꺼내지 못하고 우물쭈물 있었다. 음식이 나오기만을 기다리고 있는데 이채령이 먼저 말을 꺼냈다.

"아까 어떻게 알고 있었냐 했지…?"

나는 아무 말도 못 하고 있다가 작은 소리로

"어… 언제부터 알고 있었어?"라고 겨우 물었다.

이채령은 진짜 몰랐냐는 표정을 지으며 작은 미소와 함께 물었다.

"너가 나 좋아하고 있었던 것 우리 학교 애들 다 알고 있었는데…"

순간 내 몸은 멈칫하였고 머리가 핑 돌았다. 아무에게도 말을 안 했는데 다 알고 있었다니… 생각만 해도 끔찍하고 부끄러웠다. 나는 아무 말도 못 하고 멍청하게 앉아 있었다. 채령이와 예전 이야기를 나누니 예전의 추억이 생생하게 되살아났다.

"나도… 너 좋아했는데 네가 나에 대한 마음을 접은 줄 알고… 나도 포기하고 있었어…"

나는 채령이의 말에 어떤 대답도 하지 못했다. 사실 아직 이채령을 좋아하고 있었기 때문에 그녀의 말이 살갑게 느껴졌다. 이후로 어떠한 말도 없이 식사를 마치고 집으로 갔다. 생각에 빠져 길을 걷고 있는데 바닥에 떨어진 포스트잇이 있었다. 글씨체가 낯이 익어 읽어보았더니 이채령 글씨체였다. 편지글이었는데 내용은 이러하였다.

첫 출근 했을 때부터 너 알아봤는데… 많이 안 변했네.^^
같은 회사에서 이렇게 만나게 될 줄은 꿈에도 몰랐네. 이렇게 보면 세상이 정말 좁다 느껴져. 다음에 기회 되면 밥 한번 먹자^^
옛 생각이나 하면서….
고등학교 때부터 너한테 하고 싶은 말이 있었거든….

> 내일 회사에서 보자!
>
> - 이채령이가

지난번 회식한 날 퇴근할 때 걸었던 길 위에 쪽지가 떨어져 있었으니 아마 그날 채령이가 내 주머니에 넣어 둔 편지였나보다! 나는 그 편지를 읽고 무언가 대단히 잘못되었음을 알아차렸다. 채령이가 이 편지를 나에게 보낸 후 얼마나 답장을 기다렸을까! 오늘 내가 너무 감정 없이 무뚝뚝하게 말을 해서 이채령이 하고 싶은 말을 충분히 못 하게 한 것 같았다. 미안한 마음에 곧장 집으로 달려가 이채령에게 메시지를 보냈다.

'미안… 지난번 네가 준 편지를 이제야 읽어봤어… 다음에 한 번 더 같이 밥 먹자! 그때 네가 하고 싶었던 얘기 충분히 해줘. 그리고 숙취 해소제 잘 먹었어^^ 주말 잘 보내고 다음 주에 보자'

미안한 마음과 나를 챙겨준 고마운 마음을 전달하여 다행이라 생각했지만 마음 한구석으로는 그녀의 마음이 많이 상했을까 걱정이 되었다.

메시지를 보내고 긴장한 몸을 씻어 내고 휴대폰을 켜 보았다. 메시지 하나가 와 있다. 손끝에 땀이 맺힌 손가락으로 메시지를 눌러 보았다. 이채령이다. 내가 보낸 메시지에 대한 답이다. 그녀는 괜찮다고 했다. 그녀의 답장을 보고 한숨 놓였다.

메시지가 하나 더 왔다. 이채령이 내일 집들이 가도 되냐고 묻는다.

나는 흔쾌히 승낙했고 어지럽혀진 집을 치우기 시작했다. 깨끗해진 집을 보고 뿌듯함을 느꼈다. 오늘 하루도 큰일 없이 지나가 편안한 마음으로 잘 수 있었다.

다음 날 채령이와 함께 집에서 음식을 먹기 위해 장을 보러 갔다. 할 수 있는 요리는 없었지만 해주고 싶은 마음이 커 인터넷을 찾아보며 파스타 재료를 샀다. 집에 돌아와 간단한 음식 재료들을 손질하고 있을 때 밖에서 초인종 누르는 소리가 들린다. 그녀다. 문을 열어 주며 그녀를 반갑게 맞이했다. 파스타를 만드는 동안 집을 구경하고 있으라 했다. 나는 재빠르게 파스타를 만들었고 우리는 함께 파스타를 나누어 먹으며 깊은 대화를 나누었다.........

4. 혼돈

시야가 점점 희미해지면서 눈을 떠 보니 내가 누워 있다. 주위를 둘러보니 창문 밖은 어두웠고 휴대폰을 보니 토요일 오전 4시이다.
'꿈을 꾼 건가…?'
그러기엔 조금 전의 상황이 너무나 생생했고 내 행동 하나하나가 모두 기억에 남아 있다. 믿기지 않아 상황 정리부터 했다. 어디까지가 진실이고 어디까지가 거짓인가…? 휴대폰을 켜서 메시지 창을 본 나는 경악을 금치 못했다. 어떤 이름 모를 회사에서 보내온 메시지 말곤 내가 다니던 회사의 동료와 주고받았던 메세지와 채령이랑 대화한 내용 모두가 없었다. 상황을 납득하지 못한 나는 바로 엄마에게 전화했다. 상황 설명을 하고 나서 들은 엄마의 말은 더 황당했다.

"내가 진작 알아봤어. 취직한다고 다짜고짜 서울로 가는 거 보고 불안하더라 니…쯧쯧"

머리가 하얘졌다. 전화를 끊고 책상에 앉아 생각을 했다. 주위를 둘러보니 오랫동안 치우지 않은 듯 먼지가 쌓여 있었고 술병과 수면제가 있었다. 기억을 되새기며 하나하나 정리를 해보았다. 어렴풋이 기억이 나는 것이, 나는 직장을 구하러 상경을 했었고 취업을 하기 위해 면접을 보았지만 떨어져서 하루 종일 술과 수면제로 잠을 잤던 것이다! 현재로서는 여기까지 상황 정리를 마치고 이것을 현실로 받아들일 수밖에 없다. 주위를 둘러보니 키우던 치치가 없다. 집 곳곳을 찾아봐도 치치는 찾을 수 없었다. 치치를 잃어버린 죄책감을 느끼며 나는 다시 술을 마셨고 잠에 들었다.

깨어나니 내 옆에 치치가 누워 있다. 휴대폰을 켜 보니 불합격 통지 메시지는 사라지고 없고 이채령이 파스타 잘 먹었다며 월요일날 회사에서 보자고 한다. 한 번 더 머리가 하얘졌다. 곧장 엄마에게 전화해 물어보니 대뜸 엉뚱한 소리 하지 말고 피곤해서 그럴 거니 잠이나 자라고 하신다. 조금 전의 상황이 믿을 수 없었지만 꿈이려니 생각했다. 혹시 몰라 압정으로 살을 찔러보았지만 고통도 있고 피도 나왔다.

참 이상한 꿈을 꾸었구나 생각하면서 똑같은 루틴대로 하루를 보냈다. 주말을 보내고 월요일 아침이 되자 출근을 하기 위해 회사로 갔다. 회사에 도착해서 출입구를 통과하려니 외부인은 함부로 들어가지 못한다는 거다. 내가 아직 인턴이라 얼굴을 잘 모르시겠구나 싶어서 이채령에게 연락을 하려는데 연락처가 사라져 있었다. 다른 회사 직원의 연락처도 마찬가지로 사라졌다.

'또 꿈을 꾸는 건가'

긴가민가한 상태로 집으로 돌아가 치치를 찾아보았는데 역시나 없었다. 치치가 없다는 것은 지금이 꿈속이 아니라는 이유가 된다. 또 결정적인 이유는 어제 압정으로 찔러 본 상처 자국이 사라져 있다는 것이다.

확실한 건 내가 미쳐 있다는 거다. 꿈속의 일이 생생하게 기억이 남아 일상생활이 불가능해졌다. 꿈속에 있었던 일들을 정리하기 위해 똑같은 방법으로 술과 수면제를 먹으며 잠자리에 들어 보았지만 꿈속으로 들어가지는 못했다.

5. 자각몽

답답한 마음으로 인터넷을 찾아보다가 자각몽을 확실하게 꾸는 법을 보게 되었다. 하지만 밑에 경고문이 있었다. 현실과 꿈속 세계를 구분하는 건 자기의 몫이라는 것… 하지만 경고문을 보기 전에 나는 바로 실행하였다.

방법은 이러하였다.
① 꿈 일기 쓰기: 자신이 꾸는 꿈을 지속적으로 기록하는 것
② 수면 스케줄 만들기: 수면 스케줄을 만들어 잠드는 시간을 최대한 동일하게 하는 것
③ 자기 전에 자신이 꾸고 싶은 꿈을 미리 상상해보는 것

그날 저녁부터 바로 조건을 맞춰가며 잠자리에 들었다.
그렇게 넉 달이 지난 현재…나는 자각몽 꾸는 법을 완전히 터득하였다. 그날 바로 꿈속으로 들어가기도 했다. 하지만 잠자리에 들고 꿈속으로 들어가니 막상 무엇을 해야 할지 모르겠다. 자각몽이란걸 인지하면서도 일상생활을 하듯 회사에 출근했다. 회사에 도착하여 곰곰이 생각해보니 자각몽을 꾸고자 한 목표가 뚜렷하지 않았다. 지난 4개월 동안 자각몽을 꾸기 위한 노력만 있었다 싶다.

한참을 생각에 잠겨 있다 주위를 둘러보니 회사에 나온 사람이 아무도 없다. 주말인가 싶어 확인해보니 출근 날이다. 회사 밖으로 나와도 사람들은 아무도 보이지 않는다. 바로 집으로 달려갔는데 놀랍게도 살아 있는 생명체는 나와 치치뿐이었다…!

자각몽을 너무 많이 꾸다 보니 꿈과 현실의 경계에서 착란 증세가 일

어난 듯하다. 잠에서 깨어나려고 아무리 발버둥 쳐봐도 깨어나지 못했다. 두려움과 공포 속에 빠져 내가 자각몽을 꾸고 있는 중이라는 것도 인지하지 못한 채 밖으로 뛰쳐나갔다. 밖으로 나가 주위를 둘러보니 따뜻한 바람이 불어오면서 장소는 놀이공원으로 변해 있었다. 한 아이와 아이의 한쪽 손을 꼭 잡고 있는 엄마가 보였다. 그들을 쫓아갔지만, 점점 멀어졌다. 그들을 쫓아 한참을 뛰어가니 이번엔 큰 공원에 도착해 있었다. 아까와 똑같이 한 아이와 아이의 엄마가 있었다. 웃으면서 도시락을 먹고 있었다. 이번에도 그들에게 달려갔지만 가까워지기는커녕 멀어지기만 했다.

장소는 또 바뀌고 어느 문이 있었다. 어떤 문인지는 몰라도 내 몸은 기억하고 있는지 비밀번호를 누르고 들어가니 조금 전에 본 아이의 엄마가 있었다. 아이는 없었고 아이의 엄마는 얼굴에 주름이 생기고 흰 머리카락이 자라나고 살이 쭉 빠져 있었다. 엄마는 울고 있었다. 그리고 다급히 누군가에게 전화하고 있었다. 대화 내용을 봐서는 누군가를 찾고 있는 걸로 보였다. 아이 엄마는 옷을 입고 현관문을 나가려다 나랑 눈이 마주쳤다. 서로 아무것도 하지 못했다. 계속 바라보고 있고 서로의 눈에 눈물이 흐르고 있었다. 주름에 가려진 얼굴에서 낯익은 얼굴이 점점 보였다. 채령이다. 그렇다. 나는 자각몽을 통해 미래로 온 것이다. 나와 결혼한 채령이는 왜 혼자 아이를 돌보고 있는가? 채령이와 내 아이 옆에 왜 나는 없는가? 그녀의 센 머리와 주름 가득한 얼굴이 혼자 살아온 세월의 고뇌를 고스란히 보여주는 듯했다. 무슨 이유인지 모르겠지만 나는 일찍 죽은 듯했다. 그녀를 사랑하는 것이, 그녀 곁에 머무르고자 노력하는 것이 과연…그녀를 위한 것일까?… 나는 순간 잠에서 깨어났다.

6. 사랑하기 때문에

　머리가 굉장히 아파왔다. 곧장 엄마에게 전화를 했다. 전화벨 소리가 계속 이어지니 초조해졌다. 엄마 목소리가 들리는 순간 난 소리 없이 한없이 울기만 했다. 그 울음은 안도의 마음과 미안한 마음이 섞여 있는 것이었다. 엄마에게 자랑스러운 아들이 되겠다고 뜬금없이 약속을 드렸다. 다음 달에 내려간다고도 했다. 엄마는 밝은 목소리로 대답해 주셨다.

　채령이와 함께하던 날로 돌아가고자 미쳐 있던 나는 그날의 꿈으로 정신을 차리고 현실에 집중했다. 꿈속에 있었던 일들을 모조리 다 잊어버리고 취업 준비만 열심히 하기로 했다. 번번이 실패했지만 결과에 연연하지 않고 꾸준히 시도한 끝에 드디어 취업에 성공했다. 대기업은 아니지만 어느 정도 네임 밸류가 있는 기업에 입사했다. 회사에 열심히 다니며 가끔 두 손 한가득 선물을 들고 자랑스러운 모습으로 고향에도 내려갔다.

　문을 열자마자 따뜻한 바람과 맛있는 냄새가 풍겨 왔다. 나를 오랜만에 본 엄마는 살갑게 맞이해 주셨다. 엄마의 외모는 많이 달라져 있었다. 흰 머리카락이 많이 생기고 얼굴에 주름이 가득했다. 자주 못 뵈러 온 것이 죄송했다. 엄마는 나보다 채령이를 더 반기시는 눈치이다. 물론 엄마가 가장 반기는 것은 채령이를 꼭 빼 닮은 손녀딸이겠지만^^ 회사에 입사한 나는 동기로 함께 입사한 채령이를 만났다. 그녀와 자연스레 가까워졌고 우린 결혼을 약속하게 되었고, 그녀를 닮은 예쁜 딸을 낳아 행복하게 살고 있다. 꿈에서 본 것처럼 내가 언제 죽을지는 알 수 없지만 그것이 두려워 지금 사랑할 것을 보류할 수는 없는 것이다. 그녀를 사랑했기에 나는 영원히 행복할 것이다. 설령 죽음이 우리를 갈라 놓을지라도 오늘의 선택을 후회하지 않는다.

한국어 배움 일기

3학년 1반
사아드

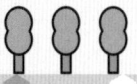

한국어 배움 일기

제가 2017년에 부모님을 통해 대한민국에 대해 알게 되었습니다. 제 아버지가 한국에 대학교 때문에 왔습니다. 그런데 몇 달 후 어머니도 한국에 가게 되었습니다. 그 때문에 제 가족 전체가 한국으로 이사했습니다. 처음에는 조금 이상했지만, 시간 갈수록 괜찮게 되었습니다. 그때 한국어 아예 못 해서 한국인이랑 소통할 수 없었습니다. 그래서 한국어 배우기 시작했습니다.

한국에 올 때 바로 6학년에 갔습니다. 그 학교에서 특수 한국어 수업을 했습니다. 그 수업에서 다른 외국인 친구를 만났습니다. 그 외국인 친구도 저처럼 파키스탄에서 왔었습니다. 그 친구랑 아직도 친하게 지내요. 저 천천히 한국어를 배우게 되었습니다. 제 생각에서 그냥 언어 배우기보다 그 언어를 사용하는 사람 있으면 더 잘 배우게 됩니다.

저 6학년 졸업한 후 한국어 실력이 많이 향상되었습니다. 이제 제가 한국인 친구들과 어느 정도 소통이 되었습니다. 제가 중학교 1학년에 갔을 때 코로나가 시작되었습니다. 그래서 원격수업으로 수업하게 되었습니다. 제가 어차피 한국어를 못하는데 학교에서 수업할 때 그래도 선생님이 영어에 조금 해석해줘서 뭘 배우고 있는지를 알고 있었습니다. 이제 학교도 아니라 집에 있었고 온라인 클래스였습니다. 이미 이해 안 되는데 이제는 더 이해 안 되었어요. 그리고 어느 지점까지 시간이 갈수록 코로나가 더 심해졌습니다. 아무튼, 건강하게 살았습니다.

제가 1학년 때 한국어 열심히 공부했지만, 수업을 알아듣기가 너무 어려워서 학교 포기했습니다. "어차피 1학년인데 괜찮겠지."라는 생각을 했는데, 아니더라고요. 점점 시간이 지났고, 제가 열심히 한국어를 배웠어요. 1학년이 끝난 후 2학년이었죠. 1학년 때보다 열 배 차이 있었어요. 많이 어려웠습니다. 수업이 뭘 말하고 있는지를 조금밖에 이해할 수 없었습니다. 얼마나 집중해도 불구하고 너무 많이 못 했습니다. 첫 번째 시험 날, 어제 밤늦게까지 열심히 공부했는데 시험에 있는 것 하나도 이해 안 되었습니다. 아직도 슬퍼요. 과거를 바꿀 수 있다면 100% 바꿀 거에요.

그런데 시간 갈수록 시험 점수를 향상시켰고, 이제 한국어 소통할 수 있고 수업에 70~80% 이해됩니다. 한국어 배울 노력을 아직까지 하고 있습니다. 이 시간에 한국인 친구도 몇 명 만들어서 만족합니다. 제 스토리를 읽어봐 주셔서 감사합니다.

근사한 하루를

3학년 3반
전상혁

소개 글

"스쳐 지나갈 뿐인 인연이었습니다."

"되찾을 수 없는 건 어릴 때의 순진함입니다."

"기대해서 실망해도 침울해하지 말길."

일상에서 사소하게 여겨지던 것들을 시를 쓰고 다시 보게 되었습니다.

목차

바보

창밖

무심코

기도

변화

먼지 한 톨

배신

열정 희망

머리를 긁적이며

되찾을 수 없는 것

쑥스러움

여행길

꿈과 함께

근사한 하루를

기대

별이 자란 교실

창문을 열어줘

기록하지 않은 것

고향인 마을

크래커

그 눈물은

완벽함

특별함

계획

엄마의 청순미

책쓰기활동 소감

저는 이번 활동에서 시를 쓰기로 마음먹었고 총 25편의 시를 쓰게 되었습니다. 시를 써본 적은 거의 없으나 뭐랄까 시 특유의 짧고 굵은 문장이 너무나도 매력적이라서 시를 쓰게 되었습니다. 평소 노래 듣는 게 좋아 시 쓰는 동안 자연스레 노래를 들으면서 썼는데 그 영향으로 저의 시는 노래를 듣다 영감을 받아 쓴 시들이 많습니다. 특유의 철학적인 노래들은 제가 시 쓰는 동안 굉장히 많은 생각이 들게 하면서 시를 쓰게 해 주었습니다.

그 외에는 일상에서 영향을 받아 쓴 시도 있습니다. 창밖을 보면서 어떤 감성에 휘말려서 쓰거나 아니면 과자를 먹다가, 지하철을 타다가, 의외로 주변에서는 시를 쓰게 해 줄 영감들이 굉장히 많구나 생각이 들었습니다.

저는 이번 활동이 제게 참 좋은 영향을 주었다고 생각합니다. 평소 안 하던 시 쓰기를 하면서 사람들이 볼 때 최대한 나아 보이는 문장과 와 닿는 문장 등을 생각하며 고뇌하며 시 쓰기에 열중했습니다. 문장을 고치면서 나의 문장을 점점 더 나은 문장으로 '완성'시킨다는 느낌이 너무나도 좋았습니다. 문장이 점점 더 발전해서 매끄럽게 문장이 연결된다는 것을 느낄 수 있기에 좋았습니다. 제가 이번 글쓰기 활동에서만 시를 쓰는 것 말고도 앞으로도 생각이 날 때마다 특유의 감성에 휘말릴 때마다 틈틈이 시를 쓰게 될 것 같습니다. 비록 처음 써 보는 시들이기에 부족한 점이 있더라도 잘 봐주시면 감사하겠습니다.

바보

바보라고 욕보이면
씨익 웃어준다
그걸 못하는 당신은
바보가 아니다
분노보다 웃음 먼저
그러니 잠깐만
바보가 된다

창밖

창밖을 보면
아이들이 보입니다
아이들의 소리가 들립니다.
아이들의 웃음이 느껴집니다.
이런 풍경을 볼 수 있다는 것에
창밖을 봅니다.

무심코

욕을 받으면
욕으로 돌려줍니다
웃음을 받으면
웃음으로 돌려줍니다
무심코 돌려주지만
마음만 받겠습니다

기도

요행을 바라는 기도보다
간절히 바라는 기도를
기적을 바라는 기도보다
간절히 바라는 기도를

변화

사람은 변하지 않는다
변했다고 하는 말은

자신을 알게 되었다는 것

사람은 변하지 않는다

먼지 한 톨

먼지 한 톨 같은 사람들
지나가는 만남은 먼지 한 톨
하지만 이제는
머물렀던 인연조차 먼지 한 톨
먼지 한 톨 같은 사람
잊혀지지 않는…

배신

배신하는 것
그 이유는
의심이 있던 것
배신당하는 것
믿으려 했던 것

열정 희망

어린 시절 열정 희망 속
그 시절을 버리길
이미 늦어버린 삶의 어둠 속
아직도 열정 희망
하지만 불안 좌절 속
그 끝에 결실을 위해

머리를 긁적이며

머리를 긁적이며
남을 위해 땀을 흘리는
이타심을 가진
그

머리를 긁적이며
남을 위해 책임감을 가지는
실수해도 믿음직한
그

그건 평범한 사람

되찾을 수 없는 것

어릴 때의 미소를 되찾고
어릴 때의 꿈을 되찾고
되찾을 수 없는 것은
어릴 때의 순진함입니다

미소를 되찾고 꿈을 되찾았지만
남을 의심하고 나를 비난하며
쑥스러움

말하지 않더라도 전해지길
다가가지 않더라도 전해지길
그저 그의 앞에 서면 나오는
쑥스러움만을
알아채 주길…

여행길

평범한 나날 속

카드 하나로 떠나는 여행길
전철을 타고 떠나는 여행길
주위는 익숙치 않은 사람들

기쁜 것 슬픈 것
전부 경험으로

문이 열리고 떠나는 여행길

꿈과 함께

꿈과 함께 추락하는 그들
사회의 고아가 되어 버린
그들의 추락을 축복한다

꿈과 함께 비행하는 그들
자칫 사회의 고아가 될 뻔한

그들의 비행을 예찬한다

근사한 하루를

희망과 좌절을 반복하며
무언가 이룬 것은 없다
공백의 방 홀로
바라던 것도 잊어버린 지금
결실이 없더라도
근사한 하루가 되길
의미가 없더라도
근사한 하루가 되길

기대

바랐던 기대에 실망해도
침울하지 말길
바라지 않던 기대도
만날 수 있길

별이 자란 교실

작은 별이 지난 흔적

전등 아래

의자 위에

작은 별이 자란 교실

다시

작은 별이 자라

창문을 열어줘

창문을 열어줘

봄아!

덥지도 춥지도 않은

평범을

선사해 주길~!

창문을 열어줘

여름아!

덥지만 시원한 물놀이

하나면

맞이할 테니까

창문을 열어줘
가을아!
덥지도 춥지도 않은
봄이라
착각해 버리게

창문을 열어줘
겨울아!
춥지만 따뜻한 눈사람
하나면
맞이할 테니까

창문을 열어줘
풍경아!
사계절 온도를 느끼게
변하는 사람들 느끼게

하지만

이제는

창문을 닫아줘

유리에 비치는 사람을

변하는 자신을 볼테니

기록하지 않은 것

잊어버린 영감들

나날들의 생각들

사소했던 것들이

잊혀지게 되어서

불확실한 영감이

뇌리를 맴돕니다

기록할 수 있었을 텐데…

고향인 마을

농사짓는 소리가 들려옵니다

이 마을의 일상이자 풍경

이제는 그 일상에서 벗어날 때

이런 촌구석에서 떠날랍니다

새로운 일상을 맞이할 설렘
새로운 일상을 맞이해야 할 불안
마음속 간직하고
마을을 떠납니다

하지만 가장 마지막 드는 감정은
역시나
묘한 쓸쓸함이랍니다

크래커

오늘도 무미건조하게 먹는
크래커
따분한 일상에 따분한 것은
최고랍니다

오늘도 멍한 표정으로 먹는
크래커
아무 생각 없이 살아도 그저…
잘 지내나요?

그 눈물은

나태에서 벗어나

유희에서 벗어나

열정으로 시작해

변화한 자신

그 후...

침대에서 누워

하품으로 나온

작디작은 눈물

그 눈물은 정말 하품으로 나온

눈물이었을까요?

소홀히 한 시간에 대한 작은

후회였을까요?

완벽함

좋은 집 좋은 직장

그리고 좋은 아내

하지만
때로 울고 웃고
술에 빠져 사는 것은
완벽한 사람은 아니지만
완벽한 삶이랍니다

특별함

스쳐 지나갈 뿐인
인연이었습니다

그걸 특별하다고 하기에는
너무 짧은 만남이었지만

서로의 이름을 불러줍니다

계획

이루지 못할 계획을 짜고
바라면 이루어진다
라는 공허를 느끼고

욕심을 부려버린 것

중용을 희망이라 생각하던

거짓말이었나요

엄마의 청순미

화장품들 사이

립스틱이!

엄마의 입술을 붉게 물들여 주고

화장품들 사이

향수들이!

엄마의 곁을 찐한 냄새로 물들이고

화장품들 사이

아들 사진

어머니의 사랑이 주변을 물들이고

화장품들 사이

과거 사진

소녀의 청순미를 기록하고 있습니다

저의 이야기

3학년 1반
유효린

소개 글

꿈을 향해 전진하는 하율이의 한걸음

목차

1. 어린 시절
2. 나의 꿈에 첫걸음
3. 불안감
4. 꿈을 이루다
5. 그 후 이야기

책쓰기 활동 소감

이런 소재의 글을 처음 쓰게 되어 계획만 세우며 이렇게 쓸까, 저렇게 쓸까 고민하면서 방학을 보냈습니다, 하지만 저에게 좋은 경험이었습니다. 글을 쓰기 전 "재미있을까?"라고 생각했는데, 역시 좋았고 재미가 있었습니다!

좀 미숙하지만 더 나은 글을 쓰기 위해 꿈을 이루기 위해 열심히 노력하겠습니다!(✪ω✪`)

1. 어린 시절

나는 돌잔치에서 울음이 터져서 아무것도 집지 못했다고 합니다…. 부모님한테 듣기로는….

그때 왜 그랬는지 모르겠습니다. 나도 참….

그때 기억은 안 나지만 부모님께 그 얘기를 들으니 뺨이 화끈거립니다.

"진짜?…아마 엄마가 무섭게 생겨서 울었을 거라고요!"

"뭐? 아이고 이 가시나가!!"

돌잔치에서의 돌잡이부터 나는 꿈을 정하지 못했습니다.

나는 꿈도 없이 그렇게 유년 시절과 초등학생 시절 5년을 지냈습니다. 6학년 때에는 잠깐 친구가 생겨서 좋았습니다.

"그래서 백기석 그 녀석, 진짜 나쁜 놈이었던 거 같아! 우리 반에 가서 좀 더 얘기하자!"

나의 초딩 친구는 나보다 더 조용했던 친구였습니다. 내가 무슨 말을 해주면 그대로 따라주었지요. 나는 그 친구가 있어서 학교생활이 나쁘지 않았습니다. 그때까지는 말입니다….

어느 날, 친구가 불편하다면서 연락을 끊자고 해서 나는 마음이 "쿵" 하고 가라앉았습니다…. 그렇게 나는 친구를 한 명도 사귀지 못한 채 초등학교를 졸업했습니다.

반년쯤 지났을까요? 혼자 교실에 앉아 문득 공책을 꺼내 내가 지어 낸 글을 써 보았습니다.

슥—

.

.

스슥—

"즐겁다…."

이런 기분은 초등 시절에 6학년 때 이후 처음 느끼는 것입니다. 그렇게 나는 매일 매일 학교에서나 집에서나 글을 몰래 쓰게 되었습니다. 그렇게 시간이 지나면서 나는 중학생이 되었습니다.

2. 나의 꿈에 첫걸음

중1 때는 초등학생 때과 똑같이 조용하게 친구 없이 지내면서 글을 썼다.

"이렇게 해서… 주인공한테 좀…."

나만의 글을 쓰는 것이 좋았다. 국어는 한국말인데도 늘 어려웠다.

하지만 글쓰기엔 국어가 중요하기에 국어를 열심히 공부했다. 그 결과 시험에서는 국어 점수가 우수하게 되었다. 다른 과목들은 최악이지만 말이다.

나는 좀 뿌듯했다…이것이 나의 꿈의 첫걸음이 될지 몰라서이다.

나는 어릴 때 가수, 유치원 선생님 등의 꿈을 매일 꾸었다. 이제는 확신을 할 수 있다! 나의 꿈은 나의 글로 사람들한테 즐거움과 행복을 주는 글의 마술사 '작가'가 되는 것이다. 솔직히 자신은 없다. 될지도 모르겠고 또, 글을 쓰는 것 말고 다른 것은 못 하는데… 꿈이 실패로 돌아갈까 봐 두렵기도 하다.

나는 작가의 꿈에 확신을 가졌지만 이루어질지는 확신을 못 하고 있었다. 그러면서도 하루 종일 글을 쓰고 있을 어느 날, 종례 시간이 되었다. 나는 글에 정신이 팔려서 시간 가는 줄 몰랐다. 그때 선생님께서 들어오셔서 어떤 공모전을 보여주셨다.

"자, 우리 학교에 이런 공모전이 들어왔어. 글쓰기 관련인데 국어에 관심이 있는 사람이라면 누구든지 이 공모전에 참여해보면 좋겠구나."

선생님은 공모전 전단지를 반장한테 주고 종례를 하고 나가려고 하셨다.

나는 공모전 이야기를 듣자 갑자기 심장이 빠르게 뛰기 시작했다. 공모전을 '해보고 싶다'가 아닌 '해야겠다'라고 생각이 번뜩 떠올랐다. 나는 종례가 끝나자마자 선생님께 달려갔다. 그대로 쌤을 보자마자

"저, 공모전 해보고 싶어요!"라고 소리를 쳤다. 모든 아이들과 선생님은 나를 쳐다보았다. 정신을 차린 나는 아이들의 시선 때문에 두 뺨이 뜨거워졌다.

선생님은 살짝 웃으면서 나에게 따라오라고 손짓하셨다.

나는 두 뺨이 뜨거워진 채 그대로 쌤 뒤를 바짝 붙어 교무실까지 같이 갔다.

선생님은 그대로 자리에 앉으셨다.

"하율, 일단 앉아 볼래? 너 서 있으면 다리가 아프잖아?"

선생님은 살짝 웃으면서 내게 앉으라고 권하셨다. 나는 일단 선생님의 옆자리에 가서 앉았다.

아까 상황이 부끄러워 나는 고개를 푹 숙이고 있었다.

먼저 입을 연 사람은 선생님이셨다.

"그래서 하율이는 공모전에 참여를 하고 싶니?"

나는 재빠르게 고개를 들어서 선생님을 바라보았다. 그리고

"네!! 무척 하고 싶어요! 저의 꿈을 이루고 싶어요."

선생님은 나를 보면서 부드럽게 물어보셨다.

"하율이의 꿈이 글에 관련이 되어 있는 직업이니?"

나는 힘차게 고개를 끄덕였다.

"네! 저는 작가가 되는 것이 꿈이에요! 글 쓰는 게 너무 재미있어요! 그리고 읽는 것도 재미있고요! 저는 다른 사람들한테 즐거움과 행복을 주는 책을 쓰고 싶어요!"

선생님은 그 공모전에 추천서를 써 주셨다. 그리고 공모전에 나갈 수 있도록 지도를 해주셨다.

"이런 공모전에 참여해서 좋은 결과가 많이 있으면 너의 꿈을 이루는데 도움이 될 거야"

선생님은 작가가 되는 방법을 알려 주셨다. 고등학생이 되면 글을 쓰는 법과 국어 지식에 관련한 수업을 듣고 대학에서는 예체능으로 진학해서 문예창작과에 들어가야 작가가 될 수 있다고 말씀하셨다. 선생님은 인터넷으로 아마추어 작가로 활동 중이라고도 하셨다. 작가가 되는 길은 인터넷으로도 가능하니 다른 작가와 마찬가지로 책으로 출판하든 인터넷으로 하든 다들 자기만의 개성으로 보였다.

작가가 되는 길을 알게 된 나는 죽어라 공부하였다. 선생님은 국어 말고 다른 과목들도 공부를 잘해야만 그 길이 보일 거라고도 하셨다. 그렇게 나는 죽어라 공부하고 글을 쓰면서 중학교, 고등학교를 졸업하고 드디어 내가 바라던 대학, 관련학과에 들어가게 되었다. 나는 죽어라 노력한 성과가 나타나서 좋았다.

그곳에서 나는 친구를 사귀고 드디어 나의 '남친'을 사귀게 되었다. 그는 나랑 같은 작가의 꿈을 꾸는 사람이었다.

3. 불안감

나는 그의 노력하는 모습에 반했다. 그 또한 나의 그런 모습에 반해서 우린 사귀게 되었다.

듣자 하니 남친은 이미 성공하고 있는 듯하다. 다른 학과인 내 친구도 그런 것 같다. 나는 왠지 불안감에 휩싸였다.

"다른 애들은 다 성공했는데 나는 성공을 못 하면 어떡하지…? 나는…?"

나는 잠시동안 학교를 쉬고 나의 고향으로 내려갔다.

부모님은 반겨 주셨다. 집에 들어오는 나를 보며 안부를 물으셨다. 부모님은 기운이 없는 나를 보며 신경을 쓰셨다.

"무슨 일 있었니…? 말을 해보렴."

나는 대충 얼버무렸다.

"아니에요! 별일 없어요! 그리고 이거 엄마와 아빠 선물… 오면서 잘 어울릴 것 같아서 샀어요!"

엄마와 아빠는 선물을 받으시면서도, 나를 걱정하는 눈빛으로 바라보셨다.

"하율아 솔직히 말을 해주렴."

부모님의 말씀에 나는 한숨을 쉬면서, 살짝 고민하다 솔직하게 털어놓았다. 자신이 없는 나의 마음과 미래에 대한 불안 등을 말이다. 엄마와 아빠는 나의 손을 잡아 주면서 말씀하셨다.

"너가 이렇게 노력한다면 잘 할 수 있을 거야. 그러니까 힘내!"

"너는 꼭 될 수 있을 거야. 그리고 실패하면 어때? 이러는 게 과정이야. 넘어지면 다시 일어나듯 실패해도 다시 일어나는 거야."

나는 엄마와 아빠의 말을 듣고 하룻밤을 깊은 잠을 잤다.

4. 꿈을 이루다

나는 다시 학교로 돌아왔다.

다시 열심히 공부를 한 결과 성공을 하고 완벽한 작가가 되었다. 나는 열심히 글을 써서 출판사에 넘기고 결과를 기다리고 있다. 그때 컴퓨터에 한 이메일 와 있었다.

"무슨 이메일이지…?"

궁금한 나머지 얼른 이메일을 열어보았다. 그것은 바로 내가 제출한 출판사에서 온 것이다. 나는 그 내용을 보고 놀랐다.

바로 내가 쓴 글이 좋다고 하면서 연재를 할 수 있게 되었다는 것이다. 나는 그대로 주저앉아서 눈물을 머금었다. 내가 그렇게 꿈에 그리던, 내 글이 연재를 시작하게 되는 순간이다. 너무 감격스러웠다.

5. 그 후 이야기

꾸준히 노력한 덕에 내 글을 보고 즐겁고 행복해하는 사람들이 많이 생겨났다. 나는 내 머릿속의 많은 아이디어를 그대로 내 손으로 옮겨 글로 써 내려가고 있다. 인생에서 많은 일을 겪은 것은 아니지만…. 지금 생각하면 나에게 필요했던 것은 무엇보다 바로 '용기'였다. 꿈을 이룰 수 있다는 용기를 갖고 있으면 언젠가 반드시 그대로 이룰 수 있다.

가족이기 때문에, 행복

3학년 1반
김보나

가족이기 때문에

사랑한다 표현하지 않아도
고맙다고 말하지 않아도
당신 마음 압니다
가족이기 때문에

슬프다고 울지 않아도
속상하다 소리치지 않아도
나는 이미 압니다
가족이기 때문에

나에게 화를 내어도
모진 말로 상처를 주어도
진심 아닌거 압니다
가족이기 때문에

행복

'사랑해'라는 엄마의 다정한 한 마디에
나를 보며 지어 주는 친구의 미소 한 번에
오늘도 나의 행복 지수는 올라

집에 오면 반갑다고 꼬리 흔드는 우리집 강아지의 인사에
'내 새끼 왔어?'라는 할머니의 따뜻한 반김에
오늘도 나의 마음은 행복으로 가득 찬다

정성이 느껴지는 어머니의 밥상에
지친 나를 감싸주는 따스한 당신의 눈빛 한 번에
오늘도 나의 가슴은 행복하다 말한다

여름

3학년 2반
박선예

소개 글

밤에 밝게 빛나는 별들

그 별들도 자신이 빛난다는 것을 알까

알면 좋겠다

너도 빛난다는 것을 알까

알면 좋겠다

목차

여름

제주도

겨울

친구

바다

시작

책쓰기 활동 소감

책을 한 번쯤은 써 보고 싶었는데 이 기회를 통해 꿈을 이루어서 행복합니다.

여름

난 그때 그 여름을 잊지 못한다.
비가 온 후 상쾌한 흙, 공기 냄새

우리의 행복했던 추억의 그 냄새
달콤하면서도 참 쓰다.

그때 그 여름으로 돌아간다면.
난 너를 더욱더 사랑할 텐데.

또다시 여름이 와도,
난 그때 그 여름을 잊지 못한다.

제주도

제주도는 참 아름다운 곳이다
푸른 바다,
그리고
밤에 밝게 빛나는 별들
그 별들도 자신이 빛난다는 것을 알까

알면 좋겠다
더욱더 밝게 빛나게

겨울

눈이 펑펑 내리던
그 겨울
추워서 벌벌 떨던
그 겨울
귀가 빨개지던
그 겨울
그 겨울이 그립다

고작 그 겨울이 뭐라고…

친구

친구란
소중한 존재다
나를 의지하고 믿어주는
그런 존재다

물론 싸울 때도 있지만
금방 화해하는
내 친구

바다

잔잔한 바닷가에 갈매기 한 마리
잔잔한 바닷가에 강아지 한 마리
잔잔한 바닷가에 고양이 한 마리
잔잔한 바닷가에 돌고래 한 마리

시작

사람들은 시작을 무서워한다
두려워한다
하지만
그것을 무서워해서도
두려워해서도
안 된다
그것은 너의 행복을 알리는
길의 시작일 뿐이다

역사소설
「대한」

3학년 1반
박성준

소개 글

이 이야기는 창작된 것으로 실존 인물, 실제 사건, 시대 분위기와 아무런 연관이 없습니다.

목차

광복 직후. 서울

미국대사관. 1955년 1월 19일

미국 보스턴항구. 1955년 2월 15일

엘레나 보스턴 호텔. 15일 오전 4시

미국 보스턴 항구. 1955년 2월 18일

미국 노동당 기지 1955년 3월 20일

22일 오후 12시

태평양 1955년 3월 30일

1970년 2월 신문

책쓰기 활동 소감

이 소설을 쓰기 전까지 정말 많은 생각을 한 것 같다. 어떤 글을 쓸까? 어떤 교훈을 넣을까? 어떤 말을 할까? 등 정말 많은 생각을 하였는데 결국 오랜 시간이 걸려 결과를 냈다. 처음에 예상한 글은 딱 한 장 반 정도였는데 이것저것 추가하고 또 이것저것 끼워서 맞추니 분량이 좀 더 늘어나서 뭔가 뿌듯하면서도 정말 예상은 예상일 뿐이구나라는 교훈도 얻은 것 같다.

정말 좋은 경험이라고 생각한다. 또한 이 소설을 쓰면서 약간의 비하인드를 여기서 말하고 싶은데 결론 부분에 묻지마 범죄 내용을 삽입해서 쓰면서 소름이 끼쳤다. 원래는 감옥 안에서 암살당하며 끝내는 결말을 꿈꿨는데 글이 점점 내가 생각한 대로 안 흘러가고 결국 생각지도 못한 방향으로 결말을 끝내게 되니 진짜 쓰면서 소름이 얼마나 끼치던지 진짜 너무 신기한 경험이었다.

너무 급하게 쓰느라 머리가 좀 아팠는데 그래도 마지막에 결말을 끝내고 나니 너무 소름 끼치고 놀라웠다. 이 소설을 나중에라도 수정하고 스토리를 좀 더 추가해서 다시 만들어야겠다는 생각을 해본다.

정말 글을 쓰는 게 이렇게나 재미있고 신기한지를 이번 경험을 통해 느꼈다. 이런 경험을 하게 해 주신 남은희 선생님께 정말 고마운 마음을 전한다!

광복 직후, 서울

1945년 8월 15일, 광복의 기쁨이 식기 전 친일파를 처단하자는 목적 아래 친일파 처단 운동이 시작된다. 이로써 같은 민족을 팔아넘겨 부를 축적한 쓰레기들이 잡혀 합당한 처벌을 받게 되었는데. 친일을 행한 사람이라면 두려움에 벌벌 떨며 자신의 마지막을 기다려야 했지만 이 상황을 타파하고자 하는 한 인물이 있었으니 그가 이번 이야기의 주인공 이로운이다. 그는 일제 강점기 35년 동안 독립에 앞장섰던 인물을 일제에 팔아넘기는 일을 했던 입에도 못 담을 쓰레기다. 그렇게 친일에 목숨을 걸었던 그는 8월 15일 광복을 한 당일, 자신이 모은 모든 친일파 자료를 제출하고 자신이 일제 강점기 때 하던 행위를 대상만 바꾸어 똑같이 그 짓을 한다, 6·25 때도 남들이 세운 업적을 자신의 업적이라고 우겨 승승장구한 그는 결국 지긋지긋한 대한을 떠나 미국으로 가는 길을 만들게 되는데….

미국대사관, 1955년 1월 19일

이로운은 미국으로 가는 배를 타기 위해 항구로 향한다. 그가 타고 있는 외제 차에선 운전수와 이로운, 적막한 고요와 이로운의 시가 냄새, 그리고 의미 없는 1년 전 신문만이 카시트 위에서 나뒹굴고 있었다. 적막한 고요를 뚫으며 운전수의 말이 지나간다.

"어디 좋은데 가시나 봐요?"

"……"

이로운은 침묵을 지키며 고개를 돌려 신문을 눈으로 훑는다.

"미. 대에서 나오시던데…."

적막한 고요 속에 운전수의 수다만이 오고 간다.

이로운은 침묵을 지킨 덕분에 운전수의 수다 속에서 희미한 무전 소리를 잡을 수 있었다.

이를 어색하게 여긴 이로운은 자신의 가방 속에 담긴 자그마한 호신용 피스톨을 만지작거린다. 이상한 낌새를 운전수와 무전기 속 사람도 느낀 것 같았다.

다시 시작된 정막…

그 정막을 뚫으며 무전기에선 "작전 개시!"라는 소리와 함께 이로운이 피스톨을 꺼내기도 전 그의 이마 앞에 서늘한 금속이 날을 세운 것을 느낀다.

"사…살려줘…"

"민족 반역자 이로운 너를 민족ㅇ…"

운전수의 총이 화염을 내뿜기 전 이로운의 얼굴에 운전수의 피가 튄다. 그 순간 차 문이 열리며 누군가 이로운을 밖으로 강하게 내팽겨쳐 버린다. 이로운은 1년도 더 지난 신문 속에서 본 문구가 떠올랐다.

"京城서 發生하는 武裝團體이 海外 度를 지나쳐(경성에서 발생하는 무장단체 무력이 도를 지나쳐)…"

아직 상황을 받아들이지 못한 이로운은 흔들리는 두 손으로 자신의 얼굴을 덮은 운전수의 피를 닦아낸다. 괴한들은 이로운의 머리에 검은 천을 씌우고 어디론가 데려간다.

두려움에 치를 떨기를 한 시간 정도 하고도 더 긴 시간이 지난 후… 괴한들은 이로운을 무릎 꿇리고 검은 천을 벗기니 피와 눈물, 콧물로 범벅이 된 이로운의 얼굴이 드러난다. 이로운의 앞에 서 있는 건 복면을 쓴 무수히 많은 괴한들과 두목처럼 보이는 자였다.

두목처럼 보이는 자는 어렵게 말을 꺼낸다.

"민족 반역자인 너를 살려두는 건 너 같은 재앙을 사용해 더 큰 재앙을 막겠다는 뜻이지. 너의 행위를 정당하게 여겨 너를 보호하는 것이 아님을 기억하라."

이로운은 두려움에 벌벌 떨며 그들이 하는 말에 집중한다.

"우리가 너를 살려둔 것은 미국으로 가 북한의 주도 아래 조직된 테러 단체를 저지해야 하기 때문이다. 너가 미국의 보스턴 항구에서 내리면 조선 사람 둘이 접근할 것이다."

미국 보스턴항구, 1955년 2월 15일

미국 보스턴 항구에서 이로운이 내리자 무장단체가 한 말처럼 두 조선 남자가 접근해 왔다. 둘 중 한 명은 6·25 때 큰 공을 세운 인물인 유재하였다.

유재하는 이미 이로운과 친분이 있는 듯이 행동했다.

"어! 로운 영감님 이제 오셨네요. Hello~ my younger 브라다! 웰컴 투 보수턴! 대한에서 오셨죠? 대한 특수 임무 소속 유재하입니다. 먼저 차로 이동하시죠."

유재하는 주변을 두리번거리며 경계하는 것 같았다.

차에서 유재하가 상황을 설명해 준다.

"유재하입니다. 당신은 미국 노동당 두목에게 수단과 방법을 가리지 않고 사용해 접촉해야 합니다. 그를 잡으면 당신의 죄를 감형하겠다는 상부의 보고입니다. 만약 어떠한 계기로 당신의 정체가 탄로 나거나 우리의 존재가 수면 위로 드러난다면 당신이 먼저 제거 대상이 되니 조심하셔야 합니다."

이로운이 울먹이며 말한다.

"네? 제가 거길 어떻게 들어갑니까…? 다시 말해 이유가 무엇입니까? 친일한 것도 옛날이야기고 저는 이제 힘없는 노인인걸요…"

이로운의 말이 끝나기가 무섭게 유재하가 말한다.

"그들이 먼저 당신과 접촉할 것입니다. 당신이 가지고 있는 불법 밀항 루트가 단 25일로 매우 빠르고 안전하다는게 그들의 귀에 들어간 모양입니다. 미국도 모르고 있으니까 말 다했죠. 그들은 그 루트가 필요하니 원한다고 하면 들어주세요. 그다음은 저희가 해결하겠습니다. 일단 저희가 준비한 호텔로 가셔서 그들을 기다리십시오."

엘레나 보스턴 호텔, 15일 오전 4시

호텔 방에 도착하자 작은 핸드폰과 도청기가 준비되어 있었다. 이로운은 작은 핸드폰을 만지며 생각에 빠진다. 그 무렵 문 두드리는 소리에 문을 열어 준다. 그 앞엔 손과 얼굴에 상처가 가득한 남자 둘이 서 있었는데 그들은 아무 말도 하지 않은 채 이로운을 어디론가 데려간다. 한참을 달려 도착한 곳은 한 회사였다. 그들은 이로운을 거칠게 밀치며 지하로 데려간다. 지하에는 무언가를 생산하는 기계 소리가 시끄럽게 들렸는데 마치 몇백 대가 동시에 가동되는 것 같았다. 또한 이로운은 이것이 무엇인지 직감으로 맞출 수 있었는데 아주 큰 건물을 폭파시키고도 남을 정도의 폭탄을 대량으로 생산하고 있었던 것이다.

이로운은 손끝부터 소름이 차오르는 것을 느낀다. 그렇게 몇 가지를 추측하며 몇 분을 걸어가니 긴 복도가 보였는데 그 앞에 다다르자 이미 올 것을 알고 있는 듯이 문이 자동으로 열린다.

문 뒤엔 양복 차림의 멀끔한 신사가 보인다. 시가를 얼마나 피웠는지 방 전체에 시가 냄새가 진동을 했다. 이로운은 그의 기에 눌려 눈치를 보며 어렵게 말을 꺼낸다.

"누구십니까? 저를 왜 이 외진 곳에 데려 오셨습니까?"

신사는 태우던 시가를 내려 놓고 중후하고 느끼한 말투로 이로운의 질문에 답을 한다.

"아, 저희의 무례를 용서해 주십시오. 한시가 급한 상황이라… 어쩔 수 없었습니다. 제 소개가 늦었죠. 저는 평양 사람 톰 안젤라 유우드 킴입니다. 편하게 김팽달이라 부르시면 됩니다. 당신을 찾아간 이유는 당신이 알고 있는 폭탄 운반책이 필요하기 때문입니다. 우리가 가지고 있는 운반책들은 모두 소탕당하고 길이 막혔습니다. 여기 보스턴 항구에서 거기 대한 쪽 항구까지 선생님이 만드신 길로 가면 25일이면 가능하다고 하던데… 민족의 혁명과 거대한 거사의 성공을 위해 길을 열어

주십시오!"

이로운은 곰곰이 생각하더니 힘들게 말을 꺼낸다.

"만약 그 거사가 성공한다면 제게 높은 직책을 주십시오. 그렇다면 허락하겠습니다."

김팽달은 확신에 찬 목소리로 답한다.

"이번 거사의 성공으로 통일이 된다면 내가 책임지고 하갔습니다. 감사합네다! 이로운 동무!"

미국 보스턴 항구, 1955년 2월 18일

조심스럽게 몇천 킬로의 폭탄이 실린다. 이에 의문을 품은 이로운은 김팽달에게 의문을 제기한다.

"왜 이 정도만 싣습니까? 이 배는 적어도 몇 톤은 가능…할 텐데?"

김팽달은 이로운의 어깨를 두드리며 말한다.

"거사를 준비하기 위해선 먼저 대한에 있는 동지들을 단합시켜야 합니다. 이 정도만 보내서 믿음을 주는 것이죠. 그들에게 이 정도의 양이면 이미 눈이 돌아가고도 남을 겁니다."

이로운은 반신반의의 기분으로 김팽달에게 물어본다.

"그…그럼 대한에는 언제 가십니까?"

김팽달은 확신과 자신감에 꽉 찬 표정으로 이로운에게 말한다.

"당이 준비한 계획 중 마지막이 있습니다. 그 마지막 때에 북에서 내려오는 동포들을 맞이하러 대한에 상륙할 때가 제가 대한에 가는 때이겠지요."

말을 마치자 폭탄을 실은 배가 출발한다.

이로운은 혹여나 김팽달을 잡는 작전이 실패하여 자신에게 피해가 갈까봐 급히 유재하에게 전화한다.

"이봐, 그 화물선에 김팽달은 타지 않았어. 이제 어떻게 할 거지?"

유재하는 긴장하며 말한다.

"이번 계획에 차질이 생긴 것 같습니다. 이 배를 그냥 보내주면 대한에 어떤 혼란이 생길지 모릅니다."

이로운이 어이가 없다는 듯이 말한다.

"그렇다고 그 배를 잡으면 당연히 내가 첩자로 몰릴 것이 아닌가?"

유재하가 떨리는 목소리로 답한다.

"저희는 최선을 다해 당신을 빼낼 것입니다. 믿고 기다리는 것밖엔 없을 것 같습니다."

그렇게 흐지부지 통화가 끝나고 이로운은 초조하게 날이 가기를 기다린다.

> **미국 보스턴 항구 신문 55년 3월 긴급 속보**
>
> "Thousands of kilos of bombs found on illegal ship bound for South Korea from Boston Harbor(보스턴 항구에서 대한으로 향하는 불법 선박에서 수천 킬로의 폭탄 발견)."

김팽달은 신문을 읽자마자 아주 격분한다. 그는 급히 모든 주요 간부를 소집한다.

격분한 그는 겨우 화를 삭이며 말한다.

"미국이 모든 것을 다 알고 있겠죠?…"

근심 걱정으로 얼굴이 구겨진 늙은 임원이 힘없는 목소리로 말한다.

"미국은 물론이고 지금은 대한까지 알게 되었으니 우리의 존재가 수면 위로 드러나는 것은 시간 문제입니다. 혹여나 미국이 격분하여 움직인다면 당이 저희를 버릴 것입니다."

박팽달은 무언가 깨달은 듯이 말한다.

"이거… 내부 첩자 소행 아닌가? 우리가 폭탄을 한두 번 나르는 것도 아닌데? 분명 이로운이 첩자일 것이야."

늙은 임원이 목에 힘을 주며 말한다.

"이로운이 가진 항로는 저희에게 꼭 필요합니다. 이로운을 징벌해 그 길까지 막히면 저희는 미국을 피해 도망갈 길까지 잃습니다. 저희에게 시간은 없습니다. 죽던가 아님 당을 배반할 것인가입니다. 현명하게 대처하십시오."

김팽달은 생각에 빠진다.

미국 노동당 기지 1955년 3월 20일

이로운은 당장이라도 도망치고 싶지만 자신이 이 작전을 성공시키지 못한다면 어떻게 해서도 죽는다는 것을 알기 때문에 도망치지도 못한다. 이로운은 걱정이 마음을 지배한 채로 김팽달에게 향한다. 이로운이 말하기 전 김팽달이 먼저 말을 꺼낸다.

"신문을 보셔서 아시겠지만 미국이 저희의 존재를 유추하기 시작했으니 이제 잡히는 건 시간문제입니다. 어떻게 하실 거죠?"

이로운이 조심스레 입을 연다.

"저의 잘못인 걸 알고 있습니다. 그러니 용서해 주십시오,…대신 저에게 좋은 계획이 있습니다."

격분한 김팽달이 분노를 삭히며 말한다.

"그 계획을 들어보고 어떻게 할지 생각해보리다."

이로운은 조심히 말을 잇는다.

"이와윤의 지도가 필요하시지 않습니까? 그 지도, 내가 알려 드리겠습니다. 시간을 주십시오."

분노를 참지 못한 김팽달이 격분하여 말한다.

"시간을 달라고? 너가 제시한 길 때문에 우리의 존재가 들통나고 당이 우리를 버릴지 말지 고민 중인데 지금 그런 말이 나와?! 나 시간 없어. 너가 친일파 처단 운동 앞장선 거 누가 모를 것 같아? 지금까지 목숨 붙여둔 건 하늘이 아니라 나야. 하루 준다! 반드시 찾아와!…… 하…. 이제 꺼져."

이로운은 힘없이 끌려 나간다.

호텔 방 안에서 이로운은 깊은 고민에 빠진다. 그때 전화벨이 울린다.

"죄송합니다. 저희가 권한을 미국 FBI와 CIA에 위임했습니다. 당신에 대해 말해 두었지만 100 프로 안전을 책임질 수 없다고 합니다. 죄송합니다."

이로운은 무언가를 알고 있다는 듯이 말한다.

"네 알겠습니다… 그것보다 저는 탈출할 수는 있나요?"

"······."

매정하게 전화가 끊긴다.

이로운은 잠시 생각에 빠진다.

"이와윤의 지도를 하루 만에… 이건 불가능해…"

이로운은 고민을 거듭하다 자신의 가방에서 종이와 팬 그리고 작은 통에 든 돌 조각을 챙긴다.

22일 오후 12시

이로운은 당당히 김팽달에게 향한다. 김팽달은 이로운을 기다리고 있었고 이미 그의 총은 장전된 것처럼 보였다.

김팽달이 먼저 말한다.

"어떻게 찾아오셨어? 지도는?"

김팽달은 이로운의 답을 듣기도 전에 이로운의 이마에 총을 들이댄다.

"이와윤의 지도가 먼 줄 알아? 그거 가짜야. 그걸 모르는 줄 알았어? 감히 여기가 어디라고 누구한테 사주받었어? 당장 말해!"

이로운은 두려움에 떨지 않고 당당히 불이 타오르는 드럼통 옆으로 향한다.

"이와윤의 지도는 가짜가 아니야. 지도에 적힌 희귀 자원이 여기 있다고!"

이로운은 자신의 손에 든 소량의 돌가루를 드럼통에 넣는다. 그 순간 드럼통이 큰 굉음을 내며 폭발한다.

이로운은 당당하게 말한다.

"이와윤의 지도는 가짜가 아니야. 일제가 그 광물을 처음 발견했을 때 아주 위험하고 살상력이 강했었지. 그걸 발견한 날짜가 1945년 8월 14일! 하지만 다음날 결국 일본 천황이 항복하는 바람에 일제는 나중에 자신들에게 올 피해를 막고자 그것들을 가짜라고 했어. 그건 거짓이었다구! 이제 믿겠나?"

김팽달은 총을 거두며 기쁨으로 눈물이 차올라 말한다.

"아니…정말입니까? 영감님? 그 말인즉슨 우리가 가지고 있는 폭탄 전부와 이와윤의 지도에 기록된 그 희귀 광물을 혼합하여 터트리면 작은 폭탄으로도 아주 큰 피해를 입힐 수 있으니 더욱 효율적인 거겠네요? 그걸 어디서 구할 수 있습니까?"

이로운이 말한다.

"대한일세, 대한이야! 여기 있는 모든 장비와 폭탄 그리고 모든 인력을 데리고 대한으로 가야 하네!! 대한에 통일을 위한 열쇠가 있어. 대한일세!! 대한이야!! 대한으로 가자!!"

태평양 1955년 3월 30일

바다 한가운데서 뜬금없는 전화 소리가 울린다.

"재하 나일세 로운! 내가 김팽달을 이끌고 대한으로 가고 있네! 여기 모든 인력과 장비 그리고 모든 폭탄이 실려 있네. 내가 일단 부산에 배를 정박하고 기다리고 있겠네. 7일 날엔 도착할 것 같아. 그때 모든 대원을 이끌고 와 소탕해 버리게…!"

이로운은 연결되지도 않은 전화기에 대고 하염없이 상황을 설명한다.

대한 1955년 4월 7일

김팽달은 신난 얼굴로 이로운을 재촉한다.

"영감님 일단 대구로 가십시다. 어서!"

자신이 재하에게 말한 것을 기억하는 이로운은 대구로 가기를 꺼려한다.

"아니, 여기서 기다려야 하네."

김팽달은 의문을 품으며 이로운을 재촉한다.

"저에게도 생각이 있습니다. 여기서 이러시면 안됩니다. 저를 믿으시고 대구로 가시죠."

김팽달은 이로운을 차로 집어넣으며 강제로 이동하려 한다. 이로운은 필사적으로 저항하지만 결국 김팽달에게 붙잡혀 간다.

4월 7일 2시

대구에 도착한 이로운은 놀랄 수밖에 없다. 자그마치 300명가량의 많은 인파가 이로운의 지시를 기다리고 있던 것이다. 이로운은 감출 수 없는 소름이 돋는다.

김팽달이 이로운을 재촉한다.

"로운 영감님 그 광산이 어디입니까? 어서요, 영감님!"

이로운은 무언가를 기다리는 듯했다. 그렇게 몇 초간의 정적이 시작된다.

1초
2초
3초
4초
5초

"로운 영감님?"

이로운의 옆으로 총알이 지나가며 김팽달의 가슴을 정확히 명중시킨다. 그것이 신호가 되어 모든 곳에서 갑작스럽게 총알이 날아든다. 피가 튀기고 살이 튀기는 아비규환의 상황 속에서 김팽달은 이로운의 목을 잡고 언덕 아래로 굴러떨어진다. 노동당의 저항도 시작되어 파랗던 잔디와 언덕이 피로 물들었다. 김팽달은 참혹한 상황 속에서 피눈물을 흘리며 힘겹게 일어선다. 그리고 자신의 총을 들어 쓰러져 있는 로운에게 쏘려 하지만 눈에 초점이 맞지 않아 쏘지 못하고 망설인다. 그 순간 총알 몇 개가 더 날아들어 김팽달의 머리를 정확히 명중한다. 이로운은 유재하가 자신에게 달려오는 것을 보며 기절한다.

1966년 8월 15일 서울고등법원

"고의성이 입증되지 않아 피고 장길순에게 무죄를 선고한다."

이로운은 그날 이후의 공을 인정받게 되지만 그의 신변의 안전을 위해 다른 사람의 신분으로 살게 된다. 그로부터 몇 년이 지난 후 어느 날…

1970년 2월 신문

"의문의 묻지마 살인사건 결국 독거 노인까지 피해 범위 늘어나…"

열대야

3학년 1반
장민경

소개 글

그 여름밤, 나는 잠이 오지 않았다

여름밤의 열대야 때문일까

아니면 네 생각 때문일까

목차

여행

여름이구나

귀뚜라미의 울음소리

밤의 위로

열대야

책쓰기 활동 소감

책쓰기 활동을 하기 전에는 책을 쓰는 것이 그렇게 어려운 일은 아니라고 생각했었는데 활동을 하고 나니 책 쓰는 것이 정말 쉬운 일이 아니라는 것을 알게 되었습니다. 무엇보다 시 쓰기 전에 어떤 주제를 가지고 쓸지, 어떤 표현을 써야 할지, 이 부분은 어떻게 수정하는 게 좋을지 등 생각해야 할 요소들이 많아서 좀 어려웠습니다. 하지만 내가 쓴 시들이 모여 하나의 책이 된다는 것이 너무 설레고, 이 활동이 너무나도 즐거웠습니다.

여행

하늘 파랗고 날씨 좋은 오늘
여행을 떠난다

가방에 옷 넣고 선크림 챙겨
여행을 떠난다

차에 먹을 것 잔뜩 실어
여행을 떠난다

설렘과 기쁨으로 가득 찬 내 마음,
파란 하늘 보며 더욱 커지네

여름이구나

계곡에 가면

깨끗한 산과 하늘,

시끄러운 매미 소리,

사람들 사이를 헤엄치는 버들치,

물놀이를 하는 사람들의 웃음소리,

계곡 안에 담겨 있는 수박을 보니

아- 이것이 여름이구나

귀뚜라미들의 노래 소리

밤이 깊어지면

사람들은 하나둘 잠들고

집 안은 고요해진다

귀뚜라미들은 밤이 깊어지면

하나둘 노래를 부른다

귀뚤귀뚤 귀뚤귀뚤

귀뚜라미들의 노래 소리를 배경 삼아

나도 어서 잠들어야겠다

밤의 위로

걱정거리 많아

무작정 밖으로 나온 나

밖으로 나오니

밤공기와 선선한 바람이

나를 맞이하고

밤하늘이 나를 위로하듯

예쁜 야경을 보여주네

사람도 아닌 네가

나의 마음을 알고 위로해주는구나

열대야

오늘도 잠이 오지 않는다

여름밤의 열대야 때문일까

아니면 네 생각 때문일까

밝은 미소,

따뜻한 손길,

다정한 말과 행동,

네 생각에 오늘도 잠을 설친다

그 여름밤, 나는 잠이 오지 않았다

여름밤의 열대야 때문일까

아니면 네 생각 때문일까

이한이와의 이세계 찍먹

3학년 4반
윤혜빈

소개 글

이세계로 간 소년과 마법 연습생이 만났다!

막장 이세계물 판타지!

시간이 남아돈다면 딱 읽기 좋은 이야기!

목차

내가 이 세계로 가버렸다.

공포와 떡밥

이세계 사람과의 조우

꿈이었다!

> **책쓰기 활동 소감**

"뭔 이세계야. 이세계 같은 소리하고 있네! 이세계가 아니라 이제 깨!"라는 노잼 드립을 날리며 이 이야기는 끝이 나겠습니다.

결국 꿈이었던 걸까요? 아니면 이야기의 시작인 걸까요?

그것은 미래만이 알고 있을 것 같네요.

여기까지 읽어주신 여러분.

정말 노잼이었을텐데 읽어주셔서 감사합니다. 죄송합니다.

저퀄리티지만 재미있게 보셨다면 정말 감사합니다.

좋은 경험이 되었습니다.

어쨌든 앗꿈 엔딩이기는 하지만 이야기를 끝냈다는 점에서 의미가 있다고 생각하겠습니다.

내용이 너무 막장이라고 시비 걸어주셔도 감사하겠습니다.

여러분 사랑해요~

1. 내가 이세계로 가버렸다.

"내 이름은 김이한. 사고로 이세계로 오게 됐다."

술렁술렁.

'이게 말이 돼?'

'뭔 소리야 뭘 잘못 먹었나?'

자아 분열의 현장이군. 명장면이야.

"트럭에 치이니까 여기에 떨어졌어…."

이한이는 얼굴을 손으로 가렸다. 답이 없는 상황에 얼이 빠졌기 때문이다.

내가 이고깽(이계로 간 고등학생이 깽판을 친다) 주인공이 될 줄을 누가 알았겠냐고!

이곳은 이한이의 마음속이었다.

현재 있는 곳은 어딘지 모를 깊숙한 숲 가운데.

날은 어둑어둑해져서 사실 눈앞도 잘 안 보인다.

여기서 이한이는 방금전 상황을 곱씹어 보기로 했다.

'음~ 여기선 오른쪽으로 가야지~.'

평소처럼 게임을 하면서 자전거를 타고 있었건만….

하필이면 어둡고 외진 골목이라 차를 못 봤던 게 사건의 발단이었다.

앞에 있던 차를 보는 순간 몸이 경직됐다. 그리고 플래시백 효과를 맞았다.

이게 주마등인가….

내가 이렇게 죽을 줄은 몰랐는데….

인생이란 이런 걸까.

내일 피씨방 가서 성훈이랑 롤하려고 했는데….

2. 공포와 떡밥

'이런 건 내가 기대하던 이세계가 아니야! 이세계란 자고로 소환을 당해야지!'

심지어 오타쿠 기질이 있는 그에게는 하여간 불만족스러운 상태가 아닐 수 없었다.

제일 불만족스러운 사실은 역시 죽었다는 것이었겠지만 말이다. 사실 그 순간이 잘 기억이 안 나기는 한다. 뭐지? 꿈이었나 싶기도 하고.

휘이익~

바람이 불었다. 바람이 나무들과 부딪히며 어딘가 음산한 소리가 생겼다.

바람 소리에 이한이는 현실감이 생기며 소름이 쫙 돋았다.

'여긴 숲인데…? 야생 짐승들도 있겠지…?'

하나둘씩 떠오르는 무서운 생각들.

휘이이이익!!
"히이이익! 앞으로는 자전거 타면서 게임 안 하겠습니다! 살려주세요! 뭐든 하겠습니다!"

"그럴 필요 없지 않을까요…?"
앞에서 갑자기 불꽃이 피어오르더니 사람 얼굴이 휙 나타났다.
'?!'

3. 이세계 사람과의 조우

맨 처음으로 찾아오는 건 공포심.
"끼아아아아ㅏ아아아아아아ㅏ아악!!"
"끄아아아아아ㅏ아아ㅏ아아아아!!"
앞의 사람도 꽤나 긴장했던 상태였는지 소리를 지르자 따라 질렀다.

소리를 한바탕 지르고 나니 애매한 쪽팔림이 찾아왔다.
"어우야 목청 좋으시네요."
본인도 4옥타브로 소리 질러놓고는 김이한과는 다르게 안 쪽팔렸나 보다.

119

김이한의 눈앞에 보이는 사람은 많아도 연상은 되지 않아 보이는, 그러니까 이한 또래 이하의 소년이었다. '뭔가 이세계 아카데미 교복 같은 옷을 입고 있기에 상황 전개가 되지 않을까?'라는 기대를 하게 만들었다.

얼떨결에 자기 소개를 하게 되었다.

"안녕하세요…. 저는 김이한이라고 합니다만…."

어떻게 되든 이 숲에서는 나가겠다는 의지로 말을 꺼낸 김이한.

"아! 저는 노 이스트라담이라고 합니다. 마법 연습생인데요…."

말을 끌더니….

"혹시 길을 알 수 있을까요?"

라는 말을 하는 것이었다….

너도냐고….

이스트…. 효모…?

"괘괘괘찮아요! 물론 이 숲에서 막 밤마다 크라켄이 나온다던가 하는 전설이 없는 건 아니지만!! 막 만티코어가 나온다는 소문이 있기는 하지만요!"
'아무리 봐도 괜찮은 게 아니잖나! 근데 크라켄이 어떻게 나와?'

어쨌든 그쪽이 순식간에 마법을 써서 불을 피우고 주변에 둘이서 둘러앉았다.

"뭐 이 숲은 넓으니까요. 낮이 되면 어딘지 알 수 있을 거예요. 제가 이 숲에 들어온 지 얼마 되지는 않았으니까요."
상황이 일단락되자, 긴장이 풀린 것 같아 보이는 이세계 주민이었다.
통성명도 했겠다, 소소한 잡담도 나누고, 이런 분위기가 된 것은 길을 잃은 처지의 동병상련 때문이었는지, 긴장이 갑자기 풀려서인지. 정신을 조금 차린 김이한은 설명이 급했기에 자신의 상황을 말해 보았다.

"음~그러니까 그쪽이 이세계로 떨어지셨다?"
"그……그렇지?"

나이가 같다는 걸 방금전 잡담에서 알았기에, 말은 놓기로 했다.
근데 이스트라담은 반말이 더 불편하다며 존대와 반말을 섞어 놓은 어체를 구사했다.

못 믿겠지만 믿어준다는 표정으로 이스트라담이 말했다.

"못 믿겠지만……. 하긴 뭐 이세계 사람이 아니라면 누가 그런 옷을 입고 있겠어요? 조금은 믿기네요. 사실 이세계 사람이라고 하면 좀 강할 줄 알았는데…쩝. 환상이 깨졌어요."

내가 입고 있던 건 학교 교복이었기에 별로 안 튀지 않을까 생각했지만 오산이었다. 확실히 저런 말을 하는 걸 보니 이색적이었나 보다. 그리고 뭐요? 환상?

"오늘 자고 내일 아침에 길을 찾읍시다. 제 학교 교수님께 데려가 드릴게요. 마침 이세계학을 공부하시는 선생님이 계신데 저희 담임 선생님이시거든요. 생각해보니 저 정말 행운아인가 싶네요. 이세계인을 이렇게 가까이서 보다니. 사실 이때까지 이세계인의 존재는 들어보기만 했었거든요!"

들어보니 이 세계에서 이세계인의 존재는 몇 안 되지만 있기는 한 것 같았다.

조잘재잘 잘만 떠들어대는 이스트…효모의 잡담에 그만 눈이 무거워지고…….

4. 꿈이었다

원래 세계에서 눈을 떴다.

'어랏? 여기는 침대?'

"난 이세계를 여행하고 있었는데?"

난데없이 날아오는 등짝 스매싱.

"먼 이세계야. 이세계 같은 소리하고 있네! 이세계가 아니라 이제 깨!"

현실을 살아 김이한 군······.

소중한 너희들에게…

3학년 2반
오믿음

소중한 너희들에게

요즘 날씨가 선선하지? 길면 길고 짧으면 짧던 여름이 지나가고 겨울이 다가오고 있나 봐. 아무 생각 없이 어린애처럼 지낼 줄 알았던 내가 겨울이 다가오면 올수록 많은 생각에 잠겨.

어머니 손을 잡고 초등학교 입학하던 때가 아직도 생생한데 벌써 졸업이 다가온다는 게 신기하다. 그치? 신당중학교라는 학교에 와서 참 많은 일들이 있었지. 때로는 친구와 미친 듯이 싸우기도 하고 시간 지나면 언제 그랬냐는 듯이 화해도 하고 지겨울 정도로 많이도 싸웠지.

그거 기억나? 벚꽃이 마치 비처럼 환하게 내리던 날, 우리는 선생님께 나가자고 조르고 졸라 다 같이 밖으로 나가 사진 찍던 그날이 나에게는 마치 영화의 한 장면 같았어. 이렇게 다들 이쁘고 사랑스러운데 졸업하면 못 본다는 생각에 슬프더라.

난 아직까지도 가끔 졸업하는 상상을 해. 모두가 떠난 빈 교실을 보고 있으면 어떨지······. 각자의 길로 떠나는 너희들의 뒷모습은 어떨까. 그런 순간이 오면 한편으론 응원하지만, 한편으론 너희들이 떠나지 않길 바랄 것 같아. 우린 앞으로 매 순간마다 선택을 하게 될 거야. 마냥 순수하게 꿈을 꾸었던 꿈마저 나중엔 사치가 되겠지. 곧 우리 앞에 다가올 사회를 생각하니 무섭고, 어른이 되고 싶지 않아. 아이들은 자유로운 어른들이 부러웠고 어른들은 책임을 져도 되지 않는 아이들을 부러워하지. 난 그런 어른들이 조금이나마 공감이 돼. 너도 알지? 사회는 매정하고 무서운 곳이라는 걸. 난 그저 지금, 이 순간이 천천히 갔으면 좋겠어. 아주 천천히. 앞으로 이 중학교에 머물 수 있는 시간이 얼마 남지 않았지만, 남은 시간 동안은 아무 일 없이 너희들과 추억을 만들고 떠나고 싶어. 남은 시간도 잘 부탁해. 얘들아. 떠날 때도 웃으면서 떠나자.

거룩히 타오르리니

3학년 4반
박상현

소개글

신조란 대체 무엇인가?

가족의 불씨 속에서 일어나는 소년, 그 신조의 분노는 어디를 향해 타오르는가!

목차

프롤로그

계기

신조의 초행길에 오르다

코레아 우라

바람

도화선

기억의 한 편

현실의 그편

신조의 저편

거룩히 타오르리니

책쓰기 활동 소감

처음 글을 쓰기 시작했을 때는 너무 막막했습니다. 그렇게 4번 정도 주제를 엎다 보니까 시간이 촉박해져서 여름방학 때 쓰기 시작했던 것을 기말고사 준비하면서 까지 쓰고 있는 저를 발견했습니다. 이미 충분히 긴 이야기지만 본편의 내용들 말고 도 의협단의 단사, 일본인 단원, 주인공의 아버지 이야기와 그리고 그 외 제암리 사 건 같은 실제 역사적 사건과 관련된 에피소드까지 많이 짜두고 배경을 공부했었는 데 분량 관계상 무조건 들어가야하는 이야기와 가장 좋아하는 에피소드만을 남기 고 7할 이상을 쳐낸 것 같아서 마음이 아픕니다. 언젠가 기회가 되면 좀 더 정리된 상태로 들어가지 못한 이야기들이 다 들어간 완성본을 하나 만들고 싶습니다. 그리 고 이번 활동을 통해 글쓰기의 초행길에 오른 것 같아 괜히 뿌듯하고 그러네요. 좋 은 기회 주시고 기다려주신 남은희 선생님 감사합니다!

프롤로그

고급스럽게 지어진 미제 고층 건물. 그 안에서는 한 일본 고위 관료의 딸의 결혼식이 한창이었다. 고위 관료답게 식장에는 많은 인원의 다른 관료들과 저명한 친일파들이 하객으로 와 있었다. 신랑이 환호성 속에 입장하고 신부가 뒤이어 진입하려던 찰나. 하객 한 명이 창문을 가리키며 소리쳤다.

"암살단이다!"

그렇게 창문들이 깨지곤 입고 있는 양제 코트에 이어진 모자를 눌러 쓴, 얼굴엔 제각각의 탈을 썼으며 손목엔 짧은 단검을 찬 약지가 없는 암살자들이 밧줄을 타며 예식장으로 들어섰고 그와 동시에 그들이 터트린 연막탄에 식장은 아수라장이 되었다. 뒤이어 무언가를 찌르는 수많은 쇳소리와 이어진 끔찍한 비명 소리들이 자신의 딸을 찾기 위해 달리는 관료를 불안하게 만들었다.

그렇게 딸이 서 있던 곳에 다다른 그의 눈에 비친 것은 쓰러져 피를 흘리고 있는 딸과 사위의 멱살을 잡고 있는 검정 암살자의 뒷모습이었다. 하회탈을 쓰고 있는 암살자가 눈을 굴려 그를 한 번 스윽 보더니 손목에 검으로 단숨에 사위의 옆구리를 찌르곤 멱살을 놓은 뒤 뒤돌아서 점점 그에게 다가왔다. 그 뒤로 널브러진 딸과 사위의 시체를 본 그는 겁에 질려 주변을 둘러보며 도와달라고 소리쳤다. 하지만 그를 도와줄 경비와 친일파들은 이미 다른 두 암살자들에게 처리된 후였다. 뒤늦게 그 사실을 깨닫자 그는 뒷걸음질 치며 자신에게 느린 걸음으로 다가오는 표정조차 보이지 않는 암살자에게 빌었다.

"助けてくれれば欲しいものをあげるね！ 何でも！(살려만 준다면 원하는 것을 주겠네! 그 무엇이든!)"

그러나 암살자는 듣기는 한 것인지 다급한 그의 유혹에도 아랑곳하지 않고 줄곧 뒷걸음질 치다 넘어진 그에게 점점 다가섰다. 끝내 그의 앞에 다다른 암살자는 일말의 망설임도 없이 그의 목에 칼을 박아 넣은 뒤 조용히 속삭였다.

"평안히 잠드소서."

그 한마디를 남긴 체 그들은 흔적도 없이 사라졌다. 마치 처음부터 그곳에 존재하지 않았던 것처럼……

경찰들이 그곳에 들이닥쳤을 땐 친일파, 관리들의 시체만 몇십구 남아 있을 뿐이었다.

계기

때는 아직 고종이 황제 노릇을 할 때, 그러니 일제강점기 직전의 이야기였다. 일본 이야기로 분위기가 뒤숭숭한 지금 한창 근대화가 되어가고 있는 이 나라의 경성. 한양에서 인력거꾼으로 일하고 있는 나는 이혁이다. 어릴 적 이젠 기억조차 나지 않는 부모와 형제들을 잃은 뒤 나는 혼자서 이곳, 한양으로 올라왔다.

"야! 혁아! 얼른 들어오라신다!"

저 멀리서 나를 향해 손을 흔드는 다소 산만해 보이는 아이는 해천. 내가 이곳에 처음 올라왔을 때 해천이네 가족은 나를 거두어 주고 지금까지 키워 주셨다.

"그래 곧 간다!"

그러곤 지는 해를 등지고 집으로 돌아가려고 인력거를 돌리던 찰나, 옆 골목에서 한 남자의 신음이 들렸다. 좁은 골목을 들여다보니 고급스러워 보이는 기다랗고 파란 미제 옷을 입고 그 위에 비단옷을 걸치고 얼굴의 상단을 가리는 매 가면을 쓴 남자가 한 손으로 배를 움켜쥐며 골목 속에서 신음하고 있었다. 걱정 반 호기심 반에 그에게 다가가자 그의 상처가 보였다, 얼핏 봐도 무언가에 찔린 듯 심하게 다친 듯하였고 그의 손은 약지의 마디가 잘려있었다. 좀 더 다가가자 그는 내 손목을 끌어당겨 고통에 신음하며 겨우 입을 열었다.

"저를 좀 도와주실 수… 있으시겠…습니까…?"

거절할 수 없을 정도로 정중하고 그 한마디조차 힘겨워하는 말투였다.

"제가 어떤 식으로 도와드리면 되겠습니까?"

"저는 지금 경찰들에게 쫓기고 있습니다. 저를 하룻밤만 숨겨주실 수 있으시겠습니까?"

상태가 위급해 보였기 때문에 나는 간신히 그를 내 인력거에 태우고 출발했다. 나는 최대한 자연스럽게 인력거를 끌며 집으로 향하였다. 주변에선 누군가를 찾는 듯 경찰들이 분주히 뛰어다니고 있었다. 아마 그들이 찾고 있는 자는 내 등 뒤에 이 사람이겠지. 그러던 중 한 경찰이 지나가던 내 손목을 붙잡았다.

"잠깐 뒤에 검문 좀 합시다."

난제다. 이 남자를 숨겨줬단 사실을 들키면 당장 그뿐만이 아니라 나, 그리고 혁이네 가족까지 벌을 받을지도 모르는 일이다. 어떻게 해야 벗어날 수 있을지 한창 생각을 하던 찰나. 멀리서 누군가 소리쳤다.

"이쪽이다! 이쪽에 녀석이 있다!"

그 소리에 나를 검문하던 경찰은 곧장 그쪽으로 뛰어갔다.

천운이었다. 나는 수고하라는 인사를 남긴 체 곧장 집으로 향하였다.

집에 도착한 후 나는 그를 안 쓰는 창고에 가족 몰래 숨겨준 뒤 먹을 것을 챙기기 위해 집 안으로 향하였다. 주먹밥 몇 개를 챙긴 뒤 다시 창고에 들어서자 혼자서 응급치료를 하는 그의 모습이 보였다.

"미안합니다. 드릴 수 있는 게 이것밖에 없네요."

"사과하지 마십시오. 이미 충분한 호의를 베푸셨습니다."

마주친 그의 눈동자에서 예의상 하는 것이 아닌 진심으로 하는 말이라는 게 느껴졌다. 사정은 몰라도 악인은 아닌 듯했다.

초라한 창고에 환자를 두어야 한다는 것이 개운하지 않았지만 이게 최선이라고 스스로를 위로하며 인사를 건넨 뒤 창고를 나섰다.

다음날 아침, 일어나자마자 그를 확인하기 위해 창고로 향했지만 이미 그는 사라지고 없었다.

그 일이 있고 며칠 후 여느 때와 같이 손님을 받기 위해 돌아다니던 중 한 사내가 날 불러 세웠다. 뒤를 돌아보니 고급 비단으로 지어진 푸른 한복을 입고 있는 남자가 서 있었다. 낯선 얼굴이었지만 그 목소리

만큼은 익숙했다. 그때 만났던 그 남자였다. 그가 연신 내게 고맙다고 인사를 한 뒤 말하였다.

"오늘은 손님으로서 온 겁니다. 제가 말한 곳으로 가주실 수 있으시겠습니까?"

그렇게 나는 그를 태우고 그의 목적지로 향했다. 얼마쯤 갔을까 다 왔다고 신호하는 그의 앞엔 서방식으로 지어진 몇 층 높이의 매우 큰 호텔 하나가 있었다. 나 같은 평민은 한 번도 가보지 못한 곳이었기에 이 대낮에 왜 여기를 왔을까 싶을 때 그가 내게 말을 건네었다.

"사실 '저희'는 당신에게 용무가 있어서 이렇게 찾아왔습니다. 같이 안으로 들어가 주시겠습니까?"

살짝 꺼림칙한 부분이 있는 건 사실이었지만 나는 그가 나를 해코지할만한 사람이 아니라고 생각했기 때문에 그를 따라 주점 안으로 들어섰다. 내부에 들어서자 화려하고도 빈티지한 홀과 이어진 넓은 복도가 있었다. 복도의 가 쪽에는 고급스러워 보이는 소파 여러 개와 그 위에 앉아 커피라고 불리는 음료를 마시며 신문지를 읽는 사람도, 누군가를 기다리는 듯 보이는 사람도 있었다. 그들이 걸친 서양식의 고급 정장과 손목시계들을 보자니 나 자신이 좀 초라해 보이기도 했다. 처음 보는 낯선 광경에 그에게 무언가를 질문하려던 찰나 그가 내게 말하였다.

"아직은 질문하지 말아 주십시오. 곧 때가 있을 겁니다."

그러곤 내게 기다리라는 듯이 손짓한 뒤 긴 복도를 걸어가 안내인으로 보이는 자에게 소매를 걷어 무언가를 보여주더니 안내인은 고개를 끄덕이며 데스크를 나서 우리를 안내했다. 자연스럽게 그들을 따라가자 안내인이 벽에 난 단추를 누르더니 무언가 기계 소리를 내며 내려와 우리가 서 있는 곳에 다다랐다. 이것이 해천이에게 말로만 듣던 '엘리베이터'라는 기계인가 싶었다.

　기계의 문이 열리자 난 당황한 기색을 내지 않기 위해 노력하며 그들을 따라 그 안에 탔다. 안내인이 버튼 여러 개를 순서에 맞게 누르더니 우리를 태운 기계는 지하로 향했다. 다 도착했나 싶을 때쯤 기계의 문이 열리더니 그 앞에는 다소 어두운 분위기의 복도가 늘어서 있었다. 빨간 카페트를 밟으며 그들을 따라가면서 주위를 둘러보자 건물의 규모가 매우 대단했는데 그 크기는 궁궐에 비할 수도 있을 것 같았다. 이런 시설이 지하에 있다는 것이 믿어지지 않았다.

　그들을 따라 계속 걷자 한 방의 문 앞에 다다랐다. 안내인이 문을 두드리자 안쪽에서 들어와도 된다는 목소리가 들렸다. 두 문을 열어 안쪽으로 들어가자 원형으로 길게 늘어진 책상과 세 명의 남자가 있었다.

　좌측에 선 남자는 코트를 입고 비단옷을 위에 걸친 뒤 단도를 허공에 던지고 돌리기도 하며 날 데려온 남자가 전에 썼던 것처럼 상반만 가려져 있는 서방 느낌의 각진 검정 가면을 쓰고 코트에 이어진 모자를 눌러 쓰고 있었다. 우측에 선 남자는 마찬가지로 하얀 코트와 그 위에 비단옷을 걸치고 있었고 모자를 눌러쓴 채 손을 돌려가며 자신의 손목에 찬 검의 날을 유심히 바라보고 있었다. 그가 찬 가면은 울고 있는 하회탈로 보였다. 가운데에는 부엉이의 가면을 쓴 마찬가지의 하얀 옷을 입은 남자가 두 손을 꼬아 그 위에 턱을 댄 채로 앉아 이쪽을 바라보고 있었다. 그는 이들의 대장 격으로 보였다.

　이게 무슨 상황인지 파악하려고 노력하던 중 가운데에 앉은 남자가 내게 말을 걸었다.

"기다리고 있었네. 이혁 군."

그의 입에서 나온 내 이름은 나를 더욱 당황시켰다. 그들이 어떻게 내 이름을 알고 있는 건가? 내가 의심의 눈초리로 그를 노려보자 그가 자리에서 일어나 내게 다가오며 말했다.

"미안하네. 소개가 늦었군. 나는 이곳, 의협단(義協團)의 단장이자 자네의 친부, 이재석의 오랜 친구였지. 지혜의 눈이라고 칭해주면 좋겠네."

처음 들어본 것만 같은 아버지의 이름에 벙쩌 있는 내 앞엔 어느새 그가 도착해 내 옷매무새를 정리해 주고 있었다.

"자네 아버지 어릴 적을 똑 닮았군. 궁금한 게 많겠지. 내 전부 설명해 주겠네."

그렇게 난 그들에 대한 설명을 들었다.

의협단(義協團)

이 땅에 나라가 처음 세워졌을 때 함께 일어난 암살단.

그들은 그 어느 문서에도 기록되어 있지 않지만 역사 속에서 늘 살아 숨 쉬었다. 그들은 늘 일깨운 상태로 기다리고 있으며 늘 나라의 안위를 위해 싸우고 새로운 나라가 세워지거나 나라가 위태로운 전쟁과 같은 역사적 사건 속에서 늘 이 땅의 그림자로서 함께 했다. 그들은 아무런 대가도 받지 않으며 그 소속 중엔 노비부터 왕까지 있었으며 내 아버지도 그 일원 중 한 명이었다고 한다. 그런 그들이 이번에 또 다시 본

격적으로 움직이려는 이유는 나라가 뺏길 위험에 처해 있기 때문이라고 한다.

그들은 오래전부터 나를 지켜보았고 이젠 의협단에 받아들이고 싶어서라고 모습을 드러냈다고 한다. 하지만 이해가 가지 않는다. 대체 왜 평범한 인력거꾼인 날 이제서야 그들의 일원으로 받으려 한단 말인가? 당장에 동기가 없던 나는 잠깐 고민하고 곤란하다는 투로 답을 했다. 그런 내게 단장은 이해한다는 듯한 표정으로 나를 배웅해줬다.

"우리와 함께하지 않아도 된다네. 비밀만 지켜주게."

그닥 어려운 일이 아니었다. 나는 날 데려왔던 단원의 안내를 받아 집으로 돌아갔으며 내가 아는 풍경이 나오자 나는 지금부터 혼자 가겠다고 하였다.

"마음이 바뀌신다면 언제나 찾아오십시오. 기다리겠습니다."

아쉬워하는 표정의 단원을 뒤로한 채 나는 계속 집으로 향하려던 참이었다. 집까지 5분쯤 남았을까 내 시야가 어두워지더니 빨간 연기 같은 게 맴돌았다.

젠장, 그때도 그랬다. 부모를 잃을 때도, 언젠가 크게 다쳤을 때도. 내게 악재가 닥칠 때는 남에겐 보이지 않는 이 불길한 소리의 연기가 늘 함께했다. 특히나 이번 연기는 평소보다도 더 어두운색이었다. 내가 당황하던 때에 그 연기는 잠깐 주변을 맴돌더니 우리 집 방향으로 향했다.

나는 기겁을 하며 혹시나 하는 마음에 곧장 빨간 연기를 따라 집으로 향했다. 집에 점점 가까워질수록 나는 더 두려워졌다. 정말 이것이 내 집으로 향하는 걸까 봐 두려움은 점점 공포로 변했다. 이 연기는 우리 집으로 향하고 있었고 그 속도는 점점 빨라졌다. 연기가 집의 모퉁이를 돌았고 나도 그에 따라 다급하게 모퉁이를 돌았지만 나를 맞은 건 빨간색 연기가 아닌 피를 흘리고 있는 해천이와 재가 되어버린 집이었다.

전말은 그러하였다. 평소와 같이 거리에서 까불고 있던 해천이는 사고를 쳐 일본에서 온 고위 손님의 심기를 건드렸고 그에 대한 본보기로 이런 일을 당했다. 납득이 되지 않았다. 고작 그런 이유로? 진심인 것인가? 송장이 되어버린 해천이를 끌어안고 있는 나는 그 무엇도 이해할 수 없었다. 이렇게 된 이유도, 이렇게 만들어 버린 손님도, 이것을 방관하던 이웃도, 타국 손님의 행패에도 아랑곳하지 못하는 이 나라도.

너무나도 추웠다. 시리도록 추웠고 서럽도록 비가 내렸으며 애석하게도 어두웠다. 내 눈물의 맛조차 느끼지 못한 채, 나는 계속하여 이웃이 없는 거리를 맴돌았다. 그렇게 계속하여 방황하였다. 무언가를 찾으려는 것처럼 마치 오래된 소중한 무언가를 잃어버린 사람처럼. 모든 걸 잃고 이유조차 알 수 없는 방황을 모두와 함께하였던 집을 뒤로한 채 계속 걸었다. 해천이와 부모님은 어릴 적 이런 식으로 방황하던 나를 받아주었던 고마운 사람들. 내게는 진짜 가족이었다. 그런 가족을 잃은 나는 하염없이 의식을 차리지 못한 채로 거리를 맴돌았다.
　그렇게 계속하여 방황하던 나는 빗속에서 언젠가 한 번 들렀던 호텔 앞에 서 있는 날 기다리고 있는 듯한 익숙한 남자와 마주쳤다.

낮을 군림하고 밤을 지배하라

더 이상의 인생에선 가치를 느끼지 못하였다

자유의 아래에서 그들의 익숙함 속에 숨어라

이제 이유는 차고 넘친다

업신여겨왔던 모든 것을 내던져라

또한 내 가족들을 위한 일이었다

살아왔었던 삶을 등지고 그림자의 길을 걸어라

이것이 내 방법이자 길이었다

너의 신조(信條)를 위하여 싸워라

그렇게. 나는 감추어진 칼이 되었다

신조의 초행길에 오르다

 그 후 몇 개월간에 혹독한 훈련을 마친 나는 입단식을 앞두고 있었다. 훈련하는 시간 동안 이 나라는 이들이 예상한 대로 다른 나라에게 점령당했다. 그러나 오늘만 지나면! 나는 이 나라의 그림자로서 다시 태어나는 거다. 지난 몇 개월간의 훈련들은 매우 고된 일들이었지만, 복수를 위한 일념 하나로 견뎌낼 수 있었다.

 "긴장되십니까?"

 방문을 열고 나오자 단원 한 명이 벽에 기대서 있었다.

 "기다리고 계셨습니까? 황해의 사수!"

 이곳의 단원들은 비밀 유지를 위하여 서로가 서로를 이명으로 부른다. 내가 구해줬던 단원이자 날 훈련 시켜준 멘토인 이 사람은 칼 대신 총을 사용해 황해의 사수라고 불린다고 한다. 처음에는 총을 쓰면 그게 암살인가 싶었다. 그 질문은 그를 처음 본 모든 단원이 했던 생각이었고 그의 사격 실력을 본 나는 궁금증이 해소됐다.

나는 그를 따라 호텔의 지하로 향했다. 입단식은 지하에서 치러지는 듯하였다. 목적지인 방의 문 앞에 다다르자 그는 발걸음을 멈춰섰다.

"지금 들어가시면 포기하실 수 없습니다."

그의 걱정하는 듯한 말투에도 나는 아랑곳하지 않고, 한숨을 한 번 쉰 뒤 방문을 활짝 열고 들어섰다. 방에 들어가자 가운데에는 뜨거운 화로와 그 속에 칼이 있었고 그 앞에 서 있는 단장을 중심으로 단원들이 거리를 둬 둥글게 둘러싸고 있었다.

나는 긴장한 티를 내지 않은 채 단장께 걸어갔다. 단장은 날 응시하더니 화로 속에서 칼을 꺼내고 뚜껑을 덮은 뒤 그 위에 손을 얹었다.

"마지막 훈련은 약지를 단지한 뒤 그 피로 혈서를 써야 하네."

어느 정도 예상은 했었다. 여태까지 본 모든 단원들은 한 손에 약지가 없었으니. 나는 눈을 한번 짙게 감았다 뜬 후 무덤덤하게 뚜껑 위에 왼손을 올렸다. 타오르는 화로의 열기가 느껴졌지만 내 복수를 향한 열정에 비하면 잔불 수준이었다.

"자네의 신조는 무엇인가?"

늘 훈련을 했으니 한 번도 생각해보지 못한 질문이었다. 하지만 나는 일말의 고민도 없이 단원들 사이에서 답할 수 있었다.

"복수입니다."

그렇게 나는 이 나라의 그림자로서 다시 태어났다.

내 이명이 적혀 있는 혈서를 받은 나는 우는 탈을 쓴 여자 단원의 안내를 받아 장비실로 향했다. 그곳엔 내가 받을 장비들이 미리 준비되어 있었다. 다른 사람들이 입고 있던 것과 비슷한 옷들 몇 벌, 손목에 차는 듯한 보호대 두 개와 갖가지의 무기들, 내 옷은 검정 배경에 빨간 선이 몇 개 그어져 있었다.

"색깔은 마음에 드시나요?"

딱히 색깔에 관한 고민을 해본 건 아니지만 매우 마음에 드는 색이었다. 코트라고 부르는 기다란 양제 옷을 입은 뒤 그 위에 비단으로 지은 한복을 둘렀다. 언젠가 이러한 복장에 대해 질문한 적이 있다.

"이렇게 튀는 복장은 암살에 불리하지 않습니까?"

"물론 간단한 복장을 입는다면 더 유리하겠지만. 저희의 목적은 강렬한 인상을 심는 겁니다."

확실히 그런 목적이라면 매우 어울리는 복장이었다. 볼 때마다 화려하다고 멋들어지다고 느꼈지만 직접 입으니 더 체감되었다. 나는 기다리면서 바라보는 단원은 잊은 채 한참을 그 귀하다는 장거울을 바라보았다. 그러곤 한참을 더 바라본 후에서야 단원의 시선을 의식한 나는 책상에 있는 손목 보호대로 시선을 돌렸다. 그렇게 이것저것 만져보던 중 손목 보호대에서 별안간 칼날이 튀어나왔다.

젠장! 하마터면 손가락을 하나 더 잃을 뻔했다.

"몇천 년째 써온 유서 깊은 도구죠. 암살 검 외에도 기능은 많습니다. 직접 써보시겠어요?"

손목 보호대에서는 매달려 날 수 있는 갈고리도, 적을 암살하는데 용이한 침이 나가기도 했다. 손목 보호대를 찬 나는 이전에 봤었던 하얀색의 단원처럼 손을 돌리며 칼날을 넣기도 빼기도 해보고 익숙해지기 위해 노력했다.

"저기 혹시 가면은 안 줍니까? 입단과 함께 받는다고 들었는데…"

"원래는 그런데 단장님께서 이미 가면이 있으실 거라고 하셨습니다."

그 순간 너무나 오래되어서 잊고 있었던 사실 하나가 내 머리를 스쳐갔다. 나는 곧장 불타버렸던 해천이네 집으로 향했다. 그 집 근처 나무 아래 어릴 적 나에게 너무 소중해서 묻어 놨었던 무언가… 급하게 달려온 나는 노을을 등지고 있는 거대한 나무 앞에 도착했다. 오랜만에 찾은 그 나무 아래엔 나만이 알고 있는 지점이 있었다. 그 지점을 파내고 있던 나는 내가 천에 싸서 숨겨 놓았었던 물건을 10여 년 만에 발견했다. 아버지가 남긴 유산, 각시탈!!

코레아 우라

그러곤 하루가 지났다.

어제와는 다른 옷을 입은 뒤 방문을 나서자 오늘도 그가 서 있었다.

"첫 임무를 전해주러 왔네. 기분이 어떤가? 감추어진 칼."

감추어진 칼.

내 아버지가 쓰셨던 이명이었다. 나만의 이름을 갖길 권하던 단장의 권고에도 불구하고 나는 이름조차 모르는 아버지의 이명을 이어받았다.

"첫 임무라니… 첫날부터 바로 들어가는 겁니까?"

내 질문을 멋쩍게 웃어넘긴 황해의 사수는 걱정하지 말라는 투로 말을 이었다.

"너무 긴장하진 말게. 원래 임무는 단독으로 진행하지만 이번엔 나도 함께 갈 테니…"

그의 말에 한시름 놓은 나는 그가 품속에서 꺼낸 밀서를 건네받았다.

감추어진 칼이여!
을사조약을 강제로 체결시켜 나라를 도적질해간 일본의 총리,
이토가 중국의 하얼빈역에 도착할 예정이다.
그가 도착하는 일정을 알아낸 뒤 그를 암살해라.
행운을 비네.

유일하게 필기체가 다른 마지막 문장이 거슬리긴 했지만 내용을 읽은 나는 훈련 받았던 내용대로 곧장 밀서를 불태워 버렸다. 그 후 가볍게 황해의 사수와 눈을 마주친 난 서로 고개를 끄덕인 뒤 함께 호텔을 나섰다. 우리는 하얼빈으로 향하는 덜컹거리는 기차 안에서 서로 방법을 모색하였다.

"미리 말해 두는 거지만, 이 임무는 내가 아닌 자네의 것이네. 나는 전적으로 도움을 줄 뿐이네."

"저도 잘 알고 있습니다."

경찰서 같은 곳엔 일정이 적혀 있겠지만 그런 곳을 털면 즉시 소문이

날 것이고 이토 또한 일정을 취소할 것이다. 팔짱을 끼며 어렵게 고민을 하던 내게 옆자리에서 한 중국인이 신문을 보고 있는 것이 눈에 들어왔다. 그러고 보니 이토 정도의 방문 같은 거사가 신문의 1면을 장식하지 않는 게 의심스러웠다.

우리는 기차에서 내리자마자 곧장 하얼빈의 신문사로 향했다. 당연히 대낮에 정문으로 당당히 들어가 이토의 일정이 적힌 기사는 없는지 물어볼 생각은 없다. 우선 이곳에 침입하기 위해선 건물의 구조를 알 필요가 있다. 훈련 때 배운 내용이 있다. 단원은 아니지만 의협단에 도움을 주는 존재가 각 지역마다 있다고. 의협단의 왕래가 잦은 하얼빈에도 그런 사람이 있다고 한다. 난 황해의 사수에 도움을 받아 그 사람에게 향했다.

그의 안내를 받아 도착한 곳은 평범한 시계 집이었다. 정말 이런 곳에서 도움을 바랄 수 있는 것인가? 살짝은 의심스러웠지만 나는 문을 열고 시계 집에 들어섰다. 짤랑거리는 문의 종소리와 함께 백발의 노인이 나를 반겼다.

"어서 오십시오."

나는 배웠던 내용대로 데스크에 다가가 약지가 없는 손으로 내 이명이 적혀 있는 마패를 내밀었다. 노인은 나를 한 번 훑어보더니 이내 말을 이었다.

"무슨 용건으로 오셨습니까? 감추어진 칼."

"신문사의 건물 구조가 필요합니다."

그는 살짝 고민하는 듯하더니 데스크 뒤로 이어진 복도로 향했다.

"따라오시지요."

그가 창고로 들어서서 바닥에 깔린 카페트를 걷자 아래엔 계단이 하나 있었다. 그 아래로 따라가자 무수한 선반과 각종 자료들이 빼곡히 차 있었다. 그는 책을 찾는 사서처럼 무언가를 열심히 뒤지더니 하얀색 두루마리 하나를 꺼냈다. 그 두루마리를 앞에 놓인 책상에 펼쳐 놓자 그곳엔 건물의 도면이 그려져 있었다.

"건물이 지어질 때 사용한 건물의 도면입니다. 마음껏 보시지요."

나는 한참을 도면을 바라보며 계획을 세우기 위해 고민했다.

이윽고 해가 저물자 우린 건물의 뒷문으로 향했다. 살짝은 애를 먹었지만 황해의 사수는 도와주지 않고 망을 볼 뿐이었다. 신속히 건물 안으로 들어간 우리는 도면에서 봤던 대로 출간되지 않은 신문이 모여 있는 창고로 향했다. 중간중간 경비가 몇몇 있긴 했지만 잘 피해 다닐 수 있었다. 창고의 문을 따고 들어서자 그곳엔 신문들이 무더기로 모여 있었다. 가장 최근에 쌓인 신문을 찾자 내가 찾던 글귀가 보였다.

"10월 26일 일본의 총리 이토 히로부미가 러시아와의 회담을 위해 하얼빈역에 방문."

거기엔 흐릿하지만 백발의 수염이 더부룩한 이토의 사진 또한 있었다.

26일 당일.

우린 아침 일찍부터 하얼빈역에 도착해 역의 구조를 훑었다. 암살 장소와 방법, 도주할 곳을 찾기 위해서였다. 고민하던 나는 열차가 도착하자마자 사람들의 눈을 피해 열차의 지붕 위로 올라가고 황해의 사수는 일본인으로 위장하여 군중 속에 숨어 있기로 하였다. 조선인과 일본인은 서로조차 구분할 수 없을 정도로 외모가 비슷하기에 가능한 방법이었다. 마침내 뿌연 연기를 흩뿌리며 이토를 태운 열차가 역에 도착하였다.

역에 모여든 러시아, 중국, 일본인은 연신 그를 향해 환호했다. 나는 그 환호 속에 묻혀 자연스럽게 아버지의 각시탈을 쓴 뒤 기차의 벽을 타 지붕 위로 올라갔다. 마침내 승객들이 내릴 차례가 되자 주변인들과 함께 열차에서 내리는 백발의 노인이 보였다. 나는 확신했다. 저자가 바로 내 가족을. 내 나라를 빼앗아 간 적이라고.

"이토!!!!"

나는 태양을 등진 채 열차에서 뛰어 내리며 우레와 같은 함성을 내질렀다. 열차에서 뛰어 내리는 비단의 암살자와 뒤돌아보는 노인. 그 광경을 지켜보는 군중들, 그렇게 내리 꽂힌 칼날에 노인은 단칼에 숨이 끊겼고 이는 전 세계에 강렬한 인상을 남길만한 장면이었다.

만약. 진짜 이토였다면 말이다.

빨간 안개가 낀 듯 이질적인 느낌에 주변을 둘러본 나는 칼에 찔린 자신의 할아버지를 보며 우는 아이와 누가 자신의 이름을 불렀냐는 듯 저 멀리 또 다른 백발의 수염을 기른 노인을 보았다. 안색이 창백해진 내가 다음 수를 생각해내 보려고 노력하던 그때. 익숙한 목소리의 함성과 함께 몇 발의 총성이 들렸다.

"코레아 우라!"

매 가면을 쓴 황해의 사수였다. 그는 이토의 몸에 총을 관통시킨 뒤에도 울분을 토하듯 몇 발 더 발포하였다. 경찰들에게 붙잡히는 와중에도 연신 '코레아 우라'를 외쳐 대던 그는 마치 내게 도망가라는 듯, 괜찮다는 듯 알리는 것 같기도 하였다. 나는 분노를 머금으며 분하지만 그를 두고 도망칠 수밖에 없었다.

얼마 후. 나는 그의 재판을 방청했다. 본래대로라면 그는 러시아나 청의 재판을 받았어야 하지만 어째선지 그는 일본에게 재판을 받고 있었고 그의 몸에는 고문 자국이 지독했다.

"피고 안중근은 사형에 처한다."

그렇게 그의 진짜 이름을 처음 듣게 되었다.

그러나 그에 놀라는 것도 잠시, 그를 향한 일본인들의 야유 속에서도 나는 그들 사이에 숨어서 아무것도 할 수 없었고 그 사실에 나는 뼈마디가 뒤틀리는 분노를 느꼈다. 그럼에도 여전히 내가 할 수 있는 건 없었다. 그러던 야유를 끊는 건 안중근의 고함이었다.

"조선의 국모 명성황후를 살해한 미우라는 무죄, 이토를 쏴 죽인 나는 사형, 대체 일본법은 왜 이리 엉망이란 말입니까?"

사형을 선고받았음에도 떳떳한 그의 모습에 나는 감명 받지 않을 수 없었다. 그의 말마따나 도대체 누가 죄인이라는 것인가? 이 사실은 내게 의협단으로서의 사명감을 더욱 불태우게 만드는 계기가 되었다.

그날 밤, 나는 그가 수감되어 있던 형무소에 잠입하여 어렵게 그가 갇혀있는 방을 찾아냈다. 그는 벽을 향해 앉아 편지를 읽는 중이었다.

"구하러 왔습니다. 황해의 사수."

다급한 내 목소리에 이쪽을 바라본 그는 별다른 대답 없이 그저 내가 잡고 있던 쇠창살을 맞잡을 뿐이었다. 약지 없는 두 손이 서로를 맞대고 있었고. 타오르려는 눈과 이제 꺼려가려는 눈이 서로를 응시했다.

"어머니로부터 편지를 받았습니다."

지금까지와는 다른 그의 말투가 내게 불안감이 엄습하게 만들었다.

"저는 비굴하게 목숨을 구걸하거나 항소하지도 탈옥하지도 않고 받아들이기로 했습니다."

그의 첫 마디에 내 두 동공이 흔들렸다.

"좀 더 오래 살 순 있겠지만 그건 수치가 될 겁니다. 만약 제 어머니보다 먼저 죽는다면 그건 불효겠지요. 하지만 조선을 위해 죽는 건 평화일 겁니다."

이미 마음을 굳혔다는 듯이 올곧은 말투에 나는 말을 이을 수 없었다.

"제 이름은 황해의 사수, 도마 안중근입니다."

그의 말에 나는 알고 있다고 대답할 수 없었다. 아마 그의 마지막을 지켜주고 싶었기 때문이었을 거다.

"형제도 자신의 신조의 길을 걸으십시오."

그 말을 끝내며 그는 내게 자신의 이명이 적혀 있는 마패를 넘겨주었다. 그러곤 더는 할 말이 없다는 듯 무심하게 자리로 돌아갔다. 나도 그를 구하고 싶었고, 그와 좀 더 함께하고 싶었다. 그 고민을 몇 날 며칠을 더 하였다. 하지만 그러지 않았다. 그것이 그의 선택이고 그 마지막을 지켜주는 일이었으니까.

돌아오는 기찻길에서 옆자리에 일본인 두 명의 대화 소리가 들렸다.

"조선 놈 둘이 이토님을 살해했다지."

안중근을 모욕하는 말들이었다. 나는 내 분노가 향할 곳이 필요했고 그들은 그런 내 옆에서 그를 모욕하였다. 열차에 내린 뒤 그들을 처리한 후에도 나는 분노했다. 재판장에서가 아닌 이런 곳에서야 이렇게 할 수 있다는 나 자신에게 분노가 치밀었다. 본부에 도착한 내게 단원들은 무언가를 캐묻거나 하지 않았다. 이미 소식을 들어 알고 있을 테니. 그의 죽음에 관해서도 그의 신조였으니 내게 책임을 묻거나 하진 않았다. 내게 주어진 몇 달의 휴식 시간 동안 난 내 울분을 표할 곳이 필요했다. 그리고 난 그 울분을 수련에 쏟아 부었다. 다시는 그런 일을 겪지 않기 위해. 다시는 그런 실수를 하지 않기 위해. 내 가족, 내 조국, 내 전우, 내게서 그 모든 걸 빼앗아 간 것에 복수하기 위해.

그 몇 개월간 나는 내 신조를 더욱더 굳혀 나갔다.

바람

"식객들을 다 죽여버리는 건 너무 무리한 것 아닌가, 감추어진 칼."

소파 옆자리에 앉아 신문을 읽던 검은 단복을 입은 각진 가면의 사내가 내게 말을 걸었다.

한량투신. 이 건물에 처음 발을 들였을 때 만났던, 지금은 내 옆자리에 앉아 친근하게 말을 걸고 있는 이 남자의 이명이다. 호전적이고 고독한 늑대 같은 성격을 띠어 대화를 나누는 단원이 없지만. 그의 격투 능력만큼은 암살단 내에서 최고를 다툰다. 그런 그가 내게 친근하게 말을 거는 이유는 내가 그날 후로 매일 뼈를 깎는 수련을 해왔고 그런 내게 그가 흥미를 느꼈기 때문이다.

"인상을 남기는 게 목적 아닙니까? 그들도 제대로 충격받았을 겁니다."

내 대답에 만족한 듯 그는 호탕하게 웃은 뒤 말을 이었다.

"자네의 이름이 널리 퍼지고 있다네. 그 각시탈이 독립 단체들의 씨앗이 되고 시민들의 희망이 되고 있다고."

그 말을 남긴 그는 읽던 신문을 접어 책상에 둔 뒤 자리를 떴다. 내가 동료들을 끌고 가 휩쓸어 난장판이 된 식장의 사진이 걸려 있는 그 신문 사이에는 밀서 하나가 삐죽 튀어나와 있었다. 이젠 한량투신급되는 단원이 직접 임무를 전해주는 건가. 나는 곧장 밀서를 빼낸 뒤 그 내용을 확인했다.

> 감추어진 칼이여. 저번 임무는 매우 잘해줬네.
> 그대의 업적은 조국에 매우 유의미했네. 앞으론 친일파들도 더욱 몸을 사리겠지.
> 무리시키는 것 같아 미안하지만 그대라면 잘할 것 같아 맡기네.
> 최근 지대한 독립운동가인 백범 김구 선생에게 암살단이 붙었다는 소식이 있네.
> 김구 선생을 경호하고 암살단들을 제압해 그 신상을 알아내게.

> 또한 이 임무는 혼자 진행해줬으면 하네.
> 행운을 비네.

나는 밀서에 동봉된 김구 선생의 사진을 보며 밀서를 불태웠다. 사진을 가슴 주머니에 넣은 난 곧장 김구 선생의 자택으로 향했다.

그는 대문을 활짝 열어 날 반겼다. 그의 인자한 인품이 느껴지는 듯했다.

"최근 당신의 명성이 자자합니다."

우리는 함께 마루를 걸으며 천천히 대화를 나눴다.

"백성들에게서 당신을 빼앗은 건 아닌가 우려될 정돕니다."

김구급 되는 거물에게서 이런 말을 듣다니. 내 명성이 실감되었다.

"듣던 대로 과묵하시군요. 뭐 상관은 없습니다. 며칠간 잘 부탁드립니다."

밤이 되자 난 그에게 인사를 건넨 후 기와로 된 지붕 위에 올라갔다. 불안해 보이는 자세로 끄트머리에 선 나는 그렇게 계속 주변을 감시했다.

얼마나 지났을까. 후방에서 느껴진 살기에 다급하게 뒤를 돌아보며 검을 펼치자 나와 같은 의협단의 단복을 입고 같은 검을 장착했으며 나와 같은 검정색 각시탈을 쓴 남자가 나와 검을 맞부딪치고 있었다. 그는 놀란 듯 뒤로 도약하며 자신의 검을 재정비했다. 그도 나와 같은 검은 단복을 입고 있었으며 눌러 쓴 모자의 양옆엔 흑색 옆머리가 튀어나와 있었고 그 눈은 깊은 원한이 서린 칠흑과도 같았다.

그는 몇 시간 전부터 날 관찰하고 있었던 듯했으며 방심한 줄 안 내가 몇 시간 동안 집중하고 있었단 사실에 기겁한 듯했다. 지금 보니 그가 내뿜는 분위기가 나와 비슷한 것 같기도 하였다.

칼을 정비한 그는 다시 내게 달려들었다. 왜 같은 단원이 날 공격하고 김구 선생을 암살하려는 지에 대한 의문을 품었지만 당장에 달려드는 그에게 집중하기로 했다. 전투는 내가 우위를 점하고 있었지만 싸움을 확실하게 끝낼 수는 없었다. 심지어는 나는 제압해야 하지만 상대는 죽여도 그만이기에 점점 밀려나는 듯한 기분도 들었다.

그렇게 싸움이 지속되던 찰나.

"아직도 신조 따위를 믿나?"

예상치 못한 그의 말에 당황한 나는 아주 잠시 집중이 흐트러졌고 그는 그 틈을 파고들었다. 그가 내지른 칼날에 내 얼굴이 베였고 당황한 나는 그의 복부를 발로 거세게 걷어찼다. 만약 발을 차지 않았다면 이 상처는 눈까지 갔을 것이다. 상처가 아렸지만 참을 순 있었다. 당장 더 심각한 문제가 있었으니. 흘러내리는 피를 애써 무시하고 나는 다시 한 번 자세를 다잡았다. 적의 살의를 직감한 이상 더 이상 수비적으로 나갈 생각은 없다.

그렇게 호각을 다투던 중 상대는 복부의 타격이 사라진 듯했지만 내 상처는 더 심해지고 있었다. 이대로 지속된다면 내 패배는 기정사실일 것이다. 그렇게 되면 이 자식은 김구 선생을 암살하고 조국을 되찾을 기회는 없어질지도 모른다. 마치 그때처럼. 그 사실이 날 분노케 했고 그 분노는 내 의지가 되어 날 밀어주었다. 기와 위에서 달빛을 받은 두 사람의 옷자락은 은은한 달빛을 내며 휘날렸다. 그렇게 거세진 내 공격에 적은 약간이나마 당황한 듯했다. 나는 그 틈을 놓치지 않고 다시 한 번 발차기의 준비 자세를 취했으며 상대도 눈치챘는지 막을 준비를 했다. 하지만 난 발을 내지르지 않고 상대의 어깨에 건 뒤 그대로 날아올랐다. 발차기를 잡기 위해 아래쪽을 막던 그의 당황한 표정에 발을 걸어찼고 진심으로 내지른 발에 그는 그대로 튕겨 나가 지붕 아래로 떨어졌다. 훈련을 받은 것 같으니 죽지는 않았겠지. 그를 구속하기 위해 지붕 아래로 내려가려던 찰나. 기와를 젖힌 피들이 보였다. 내 얼굴에서 흘러내린 피였다. 몸을 끌어가며 도망치던 그의 모습을 마지막으로 나는 그 자리에 쓰러져 눈을 감았다.

눈을 뜨자 보인 건 김구 선생의 자택의 천장이었다. 누워 있는 내 옆엔 김구 선생이 날 간호하고 있었다.

"혹시 일어나지 않으시진 않을까 걱정했습니다."

다행히 내가 우려했던 상황은 일어나지 않은 듯했다.

"이렇게까지 해주시다니. 역시 명성이 괜히 생기신 건 아닌 것 같습니다."

따지고 보면 임무는 실패였다. 김구 선생은 지켜 냈지만 자객의 정체를 알아내진 못했다. 아는 건 그가 단원의 장비를 가졌다는 사실 뿐. 얼굴에서 이질감이 느껴지자 흉터의 자리를 만지니 그가 둘러준 듯한 붕대가 느껴졌다. 안정을 취해야 한다는 그의 만류에도 불구하고 나는 보고를 위해 곧장 본부로 돌아온 뒤 그 암살자와 관한 이야기를 하자 단장이 직접 나를 호출했다. 이런 일은 흔치 않은데…

"암살귀라네."

다소 뜬금없는 그의 말에 나는 적잖게 당황했다.

"그는 원래 자네의 고향 지부의 의협단에 있는 오랜 단원이었다네. 하지만 모종의 이유로 암살단을 배신하고 그 지부를 궤멸시킨 뒤 이곳에 올라와 우리에게 훼방을 놓고 있지. 친일 행위를 하는 이유는 그 때문이라네."

그제서야 그가 훈련을 받은 듯한 움직임을 보이는 것도, 암살검을 차고 있었던 것도 이해가 되었다. 하지만 그가 차고 있던 검정 각시탈은 우연이라고 하기에는 무언가 꺼림칙한 부분이 있었다.

"지부가 궤멸되어 확실하진 않지만 아마 자네와 관련이 있는 사람일지도 모르네."

당황의 연속이었다. 지금 나와 관련이 있을 만한 사람이 누가 있다는 말인가? 생각해보니 이상한 점이 너무 많았다. 검정색 각시탈은 우연이라 해도 나와 비슷한 분위기가 느껴졌고 그의 목소리에서 무언가 사무치게 그리운 것만 같은 알 수 없는 느낌이 들었다. 생전 처음 느껴본 감정이기에 나는 그 감정을 정의할 수 없었다.

"자네만 괜찮다면 바로 다음 임무를 내리고 싶은데 괜찮은가?"

원래라면 조금은 쉬었을지도 모르지만 지금은 잡념이 너무 많았고 단장이 직접 전해주는 임무는 흔치 않았기에 받기로 하였다.

"지금 당장 실행할 수 있는 임무는 아니니 준비해두게."

방을 나온 나는 방금 쓰인 밀서를 품에 넣었다. 그나저나 지부를 궤멸시킬 정도의 실력자면 저번 전투에서는 날 봐준 건가? 진심으로 덤비는 그에게 내가 대적할 수 있을까? 그런 생각이 들 던 와중에 방으로 가려는 내 앞에 무심하게 단도를 손가락으로 돌리며 자칫하면 손가락을 잃을 수 있는 묘기를 부리고 있는 한량투신이 보였다. 어쩌면 그라면 나를 더욱 수련시켜줄 수 있을지도 모른다. 그에게 내 자초지종을 설명하자 그는 아무 말 없이 다짜고짜 날 연무장으로 데려갔다. 무얼 하려는지 궁금하려던 참에 그는 다짜고짜 내게 칼날을 휘둘렀다. 겨우 날을 피한 후 뒤로 도약한 나는 한량투신에게 다급하게 고함을 쳤다.

"뭐 하는 겁니까! 죽을 뻔했잖습니까!"

"어차피 그 실력이라면 그자와 다시 싸웠을 때 진다네."

한량투신급 되는 인물은 역시 그를 알고 있나 싶었다. 하지만 그게 중요한 게 아니다. 지금 내 앞엔 의협단 내 전투력 최고를 다루는 암살자가 날 죽이기 위해 살기를 휘두르고 있었다. 그의 칼은 빠르지도 않은데 어째선지 이겨낼 수 없었다. 겨우겨우 날을 맞받아내며 밀리고 있는 내게 그가 억세게 소리쳤다.

"그게 다인가! 그런 단조로운 칼날로 무엇을 벨 수 있나!"

날이 맞부딪히는 소리가 계속되던 와중 난 그와 붙어 있던 내 칼을 원을 그리며 돌려냈고 그렇게 비어 있는 그의 옆구리를 향해 칼을 내질렀다. 혹시나 하였지만 역시 그가 막아 냈다. 그는 비어 있는 내 복부에 발차기를 날려 날을 튕겨낸 뒤 검술에 만족한 듯 암살검을 집어넣은 뒤 격투 자세를 취했다. 그런 그가 내뿜는 살벌한 기백에 잠깐 주춤한 건 사실이지만 너가 오라는 듯한 그의 자세에 나 또한 칼을 집어넣은 뒤 그에게 달려갔다. 2막을 여는 것은 맞부딪친 두 사람의 발차기였다. 곧바로 내가 뒤로 도약하자 그는 틈을 주지 않고 바로 두 주먹으로 얼굴을 가린 채 내게 접근해 왔다. 그가 내지르는 주먹과 발은 이기는 것보다 교정에 더 중심을 맞춘 듯했다. 내 방법이 틀렸다면 절대 맞아주지 않았고. 집중하지 않으면 막을 수 없는 공격들의 연속이었다. 그 두 가지의 공방을 하나처럼 동시에 할 수 있는 그는 역시 한량투신(閑良鬪神)이라는 멋들어지고 살벌한 칭호를 사용하기에 가장 마땅한 사람이라는 생각이 들었다. 하지만 감탄할 틈은 없었다. 교정이 목적이라 해도 그의 주먹은 제대로 맞으면 고통스러운 건 매한가지였으니. 그렇게 주먹이 오가던 중 내가 주먹을 내지를 때 그는 별안간 그 안쪽으로 손을 넣은 뒤 옷깃을 잡아 그대로 회전하면서 그만의 특유의 무술로 나를 바닥에 엎어 쳤다. 그렇게 바닥에 내팽개쳐진 나를 한 번 걷어찬 그는 밀려난 내게 다가오며 붕대가 둘러져 있는 양 주먹을 맞부딪혔다.

"너무나도 단조로워. 그 정도로는 한참 부족해."

한 번으로 끝낼 생각은 없어 보였다. 역시나 그를 만족시켜야 하겠지. 그는 자신의 무술을 말이 아닌 몸으로 내게 가르치고자 하는 것 같았다. 그렇게 다시 일어나 싸움을 계속하였다. 계속되던 싸움 중 그의 발차기를 막기 위해 무릎을 들었지만 하단을 노리는 듯했던 그의 발차기가 내 안면을 타격했다.

"설마 유술이 전부일 거라 생각했나?"

휘청거리던 나는 이해하기 힘든 발차기였다. 그 순간 나는 직감했다. 계속 밀려나기만 해서는 이 싸움을 이겨낼 수 없다. 그렇게 생각한 나는 곧장 그의 품을 향해 붙어 왼손으로 그의 옷깃을 틀어 잡았다. 자신이 했던 것과 같은 업어치기를 예상한 그는 자세를 낮추며 말했다.

"그게 한두 번 만에 가능할 만큼 쉬워 보이나?"

그런 그의 얼굴을 향해 나는 주먹을 휘둘렀다. 당황한 그는 그의 옷의 깃을 잡고 있는 내 손을 뿌리치려 했지만 쉽지 않았을 것이다. 지금 그를 잡고 있는 건 내 힘이 아닌 내 복수의 집념이니까. 그 힘은 다른 사람은 헤아릴 수 없을 만큼 아득한 것이었다. 자세를 낮췄던 그는 남은 한쪽 주먹에 힘을 제대로 줄 수 없어 싸움은 내가 유리한 상태의 난타전으로 번졌다. 그렇게 몇 번 더 주먹을 내질렀을 무렵 그의 오른손이 별안간 내 팔의 아래를 파고 들어가 어깨를 잡더니. 자신의 오른발을 내 팔 오금에 걸었다. 무엇을 하려는 건지 당황해하는 내 표정을 본 그의 얼굴에는 희미한 웃음이 번졌다.

"꽉 잡고 있어라."

그러곤 자연스럽게 중심이 낮아진 나의 얼굴을 향해 그의 왼다리를 휘둘러 무릎을 내질렀다. 전혀 예상치 못한 일격에 나는 그 자리에 쓰러져 의식을 잃을 수밖에 없었다.

가면무도회에 어서 오십시오.

눈을 떴을 때는 내 방의 침대였다. 제기랄, 전혀 생각하지 못한 공격이었다. 침대에 앉은 나는 일전의 전투를 이해하기 위해 노력하고 분석하였다. 그런 상황을 가정해두고 만든 것은 아닐 테고, 본래 있던 동작의 응용인 듯했다. 그런 동작이 곧바로 나오는 것을 보면 역시 그는 신이라는 칭호를 사용할 만한 사람인 것 같다. 하루 종일 처맞기만 한 것 같지만 그래도 그의 동작에서 무언가 깨달음을 얻은 듯했다. 날짜는 하루쯤 지났나. 나는 품에 넣어둔 단장의 밀서를 꺼내 펼쳤다.

> 감추어진 칼이여.
>
> 얼마 후 "가면무도회"라는 행사가 있을 예정이네.
>
> 이 행사는 가면을 쓰고 가면 되니 편할 걸세.
>
> 그사이에는 조선의 전통 가면에 핀잔을 주는 이들도, 자네를 알아보는 이들도 있겠지.
>
> 꽤나 눈치가 보일거야. 아랑곳하지 말게나.
>
> 임무의 목적은 이 행사에 참여하는 친일파와 고위 관리들을 처단하는 걸세.
>
> 이번 임무는 자네 외에도 몇몇 단원들이 단독으로 참여할 예정이네.
>
> 부디 서로 부딪힐 일 없게 하게나.
>
> 또한 이번 임무는 조용히 처리해도 난동을 피워도 상관없다네. 날뛰고 오시게나.
>
> 행운을 비네.

처음 받았던 밀서에 비하면 제법 필체가 유해지신 것 같다. 그만큼 인정받고 있단 거겠지. 밀서에는 처단해야 하는 대상의 목록과 사진. 그리고 일본어로 쓰인 초대장 하나가 있었다.

"仮面舞踏会へようこそ.(가면무도회에 어서 오십시오)."

마찬가지로 밀서를 불태운 나는 무도회장으로 향했다. 그나저나 어차피 가면으로 가릴 텐데 사진은 봐서 무엇하는가. 그래도 '주는 데에는 이유가 있겠지'라고 생각한 나는 사진을 품에 집어넣었다.

밤이 깊어지자 본부에서 좀 떨어진 곳에 있는 무도회장은 멀리서 지켜보아도 형형색색의 빛이 난무했다. 김구 선생님의 집으로 향할 때 보았던 백성들의 집은 너무나도 초라하기만 했다. 그런 사실을 생각하자니 갑자기 짜증이 솟구쳤다. 혹자들은 말한다. 분노는 일을 그르치게 만든다고. 그러나 내 분노는 무언가 달랐다. 내 분노는 내게 집념을 실어 주었다. 그때도 그리고 지금도. 그런 분노가 내게 말해 주고 있었다. 아마 이번이 마지막이 될 것이라고.

화려한 복장에 조금은 걸리긴 하지만 각시탈. 그리고 준비된 초대장까지 무도장에 들어가기에 부족한 부분은 없었다. 무도장에 들어서자 척 봐도 고위 인사처럼 보이는 사람들이 고급 정장을 갖춰 입은 채로 가면을 쓰며 고급 술을 따라 마시는 사치를 부리고 있었다. 넓은 건물과 화려한 샹들리에 아래에 백 명은 되는 듯한 사람들.

무도회의 가운데에선 남녀가 짝을 맞춰 춤을 추고 있었으며 무대에선 젊은 여가수가 노래를 부르고 그 옆을 오케스트라의 합주가 지켰다. 그들 모두가 제각각의 가면을 쓰고 있었고 대게 서방식의 각진 가면들이었다. 이들 중에선 내 목표물도, 동료 단원도, 혹시나 그도 있을 수 있겠지. 나는 무도회장을 파악하기 위해 사람들 사이에 섞여 자연스럽게 행동했다.

"今度の舞踏会は誰が開催したんですか (이번 무도회는 누가 개최한 거죠)?"

"私もよく分かりません。聞くところによると、天皇という笑い話

もあったんだけど.(저도 잘 모르겠네요. 듣기로는 천황이라는 우스갯소리도 있던데.)"

확실히 이 정도의 연회를 개최할 만한 인물은 천황이 아니어도 그 정도의 권위가 있을 것이다. 아마 그도 이 무도회에 참여했겠지. 그렇다면 내 목표물 중 한 명일지도 모른다. 여유롭게 잔당을 처리하면서 고급술이나 빨라고 날 이렇게 큰 무대로 보낸 것은 아닐 테니. 하지만 문제는 이 많은 사람들 중 그를 어떻게 찾냐는 건데, 더군다나 가면을 쓰고 있으니 목표물을 찾아 몰래 암살하는 건 쉽지 않을지도 모른다.

그렇게 사막 속 바늘을 찾는 심정으로 무도회장을 헤매던 중 익숙한 목소리가 들려왔다. 멈칫한 내가 그를 쳐다보자 그 또한 나를 응시했다. 나와 비슷한 검정색 단복과 그 위에 걸친 황색 줄이 그인 비단. 얼굴엔 황색과 적색 줄이 그어져 있는 각진 서방식 검정 가면까지. 그곳엔 한 손에 잔을 들고 연회를 즐기고 있는 한량투신이 서 있었다. 내가 그에게 다가가자 그는 대화를 나누던 무리에게 인사를 한 후 나와 대화를 시작했다.

"あなたも招待されたんですか？(당신도 초대받은 겁니까?)"

"そうだね。君も宴会を楽しんでいるの？(그렇다네. 자네도 연회를 즐기고 있나?)"

그렇게 우리는 사람들 사이에서 은유적인 표현들을 써 가며 자연스럽게 일본어로 대화를 이어갔다.

"人に割り込みにくいですね(사람들에게 끼어들기가 어렵네요.)"

"心配して言うことだがあまり騒がないで. ここに高宗皇帝も参

加したという噂がある(걱정해서 하는 말이지만 너무 소란 피우지는 말게. 이곳에 고종 황제도 참여했다는 소문이 있으니)"

그 말을 들은 나는 넓은 무도회장을 둘러보며 생각했다. 고종황제까지 참여할 만한 무도회라고? 난제다. 여차하면 의심 가는 인물들을 전부 죽여버리려 했지만 이 중 고종황제까지 있다니. 그 말은 이곳엔 친일파가 아닌 사람들 또한 있다는 말이기도 했다. 그렇게 우리는 간단한 인사를 나눈 뒤 임무를 위해 다시 흩어졌다.

그렇게 무도회를 한참을 더 표류하던 도중 흥미로운 대화 소리 하나가 들렸다.

"お二人とも今回お金をもうけたと思いますが(두 분 다 이번에 돈 좀 만지셨겠는데요.)"

무리 속에서 대화 중인 익숙한 느낌의 두 남자. 나는 침착히 품속에서 사진 두 장을 꺼냈다. 타마모리 긴쥬와 박우승. 두 놈 다 동양척식주식회사의 고위 임원으로 조선인들을 수탈해 왔지. 그리고 지금 내 눈앞에 있는 사람들은 그 두 사람의 유력 후보다. 하지만 짐작만으로 사람을 죽일 순 없는 법. 나는 그들에게 다가가 좀 더 이야기를 들어보기로 했다.

"ただ朝鮮のやつらのを奪って皇国臣民に回すだけです。(그냥 조선놈들꺼 좀 뺏어서 황국 신민께 돌리는거 뿐입니다.)"

역겨운 년. 억양을 보아 조선인인데 저런 말을 해대다니. 이런 일들이 있을 때마다 복수의 집념만으로 이 일을 해 왔던 내게 조금씩 사명감이 생긴다. 꼭 이런 개자식들을 몰아내고 조국을 되찾겠다는 사명감이. 몇 번 더 대화를 나누어보니 이들은 내 목표물이 확실하다. 이런 곳에서 난장을 피울 순 없으니 은밀하게 암살해야 하겠지. 당장에 발각되지도 흔적을 남기지도 않으려면 독살이 최고겠지. 다른 단원에게 받은 도구가 있다.

칼에 묻힐 독을 받기 위해 다른 단원의 숙소에 간 날이었다.
"만약 독살을 해야 한다면 이 도구를 사용해보게."
뿌듯한 표정으로 말하는 그의 손에는 검지만한 종이가 있었다.
"이 종이는 무업니까?"
"그건 그냥 평범한 종이가 아닐세. 이 종이를 반으로 접은 뒤… 이렇게 손으로 비비고… 물에 타주면…"
그러나 물에는 아무런 변화도 보이지 않자 지켜보던 나는 그를 영 미덥잖은 표정으로 응시했다.
"그 표정은 먼가? 꼬우면 자네가 한 번 마셔보게."
"좋은 장비인거 같습니다."

원리는 모르겠지만 유용한 장비인건 확실하다. 나는 코트의 안주머니에서 종이 두 장을 꺼내 서로 비빈 뒤 그들이 잠시 내려놓은 잔 속에 넣었다. 시간이 지난 후 효과를 보기 위해 적당히 비벼 놓은 종이들은 곧장 물속에서 사라져 갔고 난 그들이 술을 마시는 것까지 보고는 다른 목표물을 찾기 위해 떠났다. 그의 설명이 맞다면 적당히 비볐으니 이 연회를 뜰 때쯤 피를 토하겠지.

그렇게 또다시 연회를 방황하던 중 익숙한 모습이 보였다.

"朝鮮のやつらは悲鳴もおかしいんですよ(조선 놈들은 비명소리도 이상하다니까요.)"

그 목소리를 듣자마자 나는 손바닥에 손톱자국이 남아 피가 흐를 만큼 손을 움켜쥐었다.

김덕기. 같은 조선인이면서 수많은 독립투사들을 잡아들여다가 매우 혹독한 고문들을 해온 절대 용서치 못할 민족의 반역자다. 그만큼은 곱게 살려 둘 생각이 없다. 나는 사람들 속에 자연스럽게 숨어들어 그를 은밀히 추적했다. 그가 술을 마실 때도, 무리들 속에서 자신의 고문담을 이야기할 때도. 그렇게 독립운동가들이 죽어버린 일을 자랑할 때도. 나는 흉터가 남아 버릴 정도로 굳세게 주먹을 움켜쥐며 겨우 인내했다. 마침내 그가 변소로 향하자 나는 자연스럽게 그를 따라 들어갔다.

"끄윽… 너무 과음했나."

고통스러워하는 그를 바라보며 나는 천천히 다가갔다. 만취 상태인 그의 주변에 근접할 때까지 나를 인식하지 못했다. 더 이상 화를 주체할 수 없던 나는 그의 머리채를 잡아 뒤로 젖힌 뒤 그의 일본식 한냐(도깨비) 가면이 부서지도록 세게 그의 얼굴을 주먹으로 후렸다. 설마 여기서 끝이겠나? 나는 기절한 그를 으슥한 곳으로 끌고 갔다.

"끄아아아아아아아아악!"

그가 일어날 때까지 기다려 줄 생각이 없는 나는 기절해 있던 그의 허벅지를 젓가락으로 꿰뚫었다. 고통 속에 신음하던 그는 나를 노려보며 소리쳤다.

"お前は誰だこのろくでなしめ!!(너 누구야 이 개자식아!!)"

"まだ叫ぶ余力があるみたいだね(아직 소리 질러 댈 여력이 있나 보군.)"

그 말에 표정이 섬뜩해진 그는 점점 다가오는 나를 보며 소리쳤다. 그가 고문했던, 그가 죽였던 독립운동가들 중에는 우리 단원들도 있었겠지. 그 숭고한 이들을 괴롭혀온 그를 나는 편히 내버려 둘 생각이 없다.

"拷問の皇帝？それならこれは軍事政変だ(고문의 황제? 그렇다면 이건 군사 정변이다.)"

그렇게 나는 그에게 강제로 끓는 물을 목뒤로 넘기게 하고, 손가락의 마디를 자르고, 눈을 파내는 등 글로는 담을 수 없는 강도 높은 고문들을 진행했고 당연히 그것들을 견디지 못한 그는 몇 시간 되지 않아 죽어버리고 말았다. 나는 그 시체를 저주하면서 의자와 함께 발로 차 바닷속으로 던져 버렸다.

"죽어서도 고통받아라. 쓰레기 자식."

그렇게 고문을 끝낸 뒤 연회로 돌아왔다. 연회는 아직도 한창이었고 그 열기는 식을 기미가 보이지 않았다. 젠장, 다음 타겟은 또 어디서 찾아야 하지.

도화선

그렇게 동그란 테이블에 기대 연회를 주시 중이던 내게 무언가 시선이 느껴졌다. 다급히 몸을 돌린 내 옆에는 겨우 피한 수리검 하나가 테이블에 꽂혀 있었다. 독이 묻어 있는 수리검에 당황한 나는 주변을 두리번거렸다. 상대는 대체 어딨는 거지?

그렇게 두리번거리던 중 테이블의 맞은편을 바라보자 검정색의 각시탈 가면을 쓴 단원 한 명이 서 있었다. 그래, 언제 나오나 했다. 아까부터 느껴지던 희미한 분노는 이 자식을 향하고 있었던 것이었다. 그와 나는 한참을 서로 응시하더니 동시에 좌측으로 걷기 시작했다. 서부의 총잡이와도 같이 테이블을 돌던 우리는 각자 서로가 처음에 서 있던 위치에 섰을 때 동시에 멈춰 섰다. 한참을 더 바라보면서 신경전을 벌이고 있었다.

일촉즉발의 상황. 1막의 시작을 끊은 건 나였다. 나는 뒤에 있던 의자를 차고 나가 테이블의 위를 달려 도약한 후 그에게 발을 내질렀다. 겨우 막아 낸 그는 연회장의 가운데를 향해 굴렀고 나는 곧바로 추적했다. 곧바로 일어선 그가 암살검을 꺼냈고 이쪽 역시 팔을 교차해 암살검을 꺼내 들었다. 둘의 합은 마치 아름다운 춤과도 같았고 관객들이 그것을 일종의 공연이라 생각해 그들을 둘러싸 서방의 춤을 추는 모습은 하나의 합주와도 같이 느껴졌다. 하지만 그렇다고 해서 이쪽 상황이 절박하지 않은 것은 아니었다. 역시 그때는 봐주었던 것인가? 성장한 지금의 상태로도 밀어붙이지 못하고 있었다. 그 순간 그는 뒤로 도약하더니 품속에서 구슬을 꺼내 전방위로 내던지자 연회장의 중심에는 형형색색의 연막들이 피어올랐고 관객들은 그것을 연출로 착각하였다. 그 연막들 사이에서 우리는 검을 맞부딪혔고 싸움은 치열했다.

　거리를 벌린 그는 나를 향해 수리검 몇십 개를 던져 댔고, 그 중 미처 피하지 못한 몇 개는 허벅지와 팔에 스쳐갔다. 그 후 연막 속에 숨은 그를 찾기 위해 두리번거리는 나는 점점 몸이 둔해지는 것을 느꼈다. 맨 처음 테이블에 꽂힌 독이 생각나는 건 그 순간이었다. 몸이 움직여지지 않는 나는 자리의 털썩 꿇은 채 앞으로 숙여 그저 앞을 바라만 볼 뿐이었다. 저 멀리 연막 속에서 나를 향해 걸어오는 그가 보였다. 젠장, 이렇게 허무하게 끝나는 건가? 허무함에 나는 화조차 나지 않았다. 그저 나 자신이 시리도록 미울 뿐이었다.

　그 순간 기왓집 두 개 높이는 되는 곳에서 누군가 도약해 칼을 휘둘러 그를 막아섰다.

　흩날리는 검정색 비단과 그 특유의 동작. 한량투신이었다.

　"고작 그런 잔꾀에 당해버린 건가? 단조롭긴."

　그 말을 남긴 그는 내게 약 하나를 던지더니 전투 태세를 준비하며 암살검을 꺼내든 두 팔을 교차해 검정 각시탈을 막아섰다.

　"우린 못 끝낸 싸움이 있었지. 투신. 이번에도 그때와 똑같이 흘러갈 것이다."

　아마 그들은 구면인 듯했다. 그 대화를 끝으로 2막이 열렸다. 처음에는 밀리는 듯하였으나 괜한 걱정이었나 그는 역시 투신이었다. 연속으로 내지르는 그의 발차기를 각시탈은 막아 낼 수 없었으며 투신이 내지른 칼날을 그는 겨우겨우 반응해 막아야 했다. 그렇게 밀려나며 당황한 각시탈이 주춤하자 한량 투신은 우레와도 같이 달려 나가 곧바로 그에게 특유의 발차기를 내질렀다. 정통으로 맞은 각시탈은 그렇게 연신 기침을 토하며 위기감을 느꼈는지 휘파람을 불자 춤을 추던 관중들 사이사이로 자객 네댓명이 튀어나와 투신을 둘러쌌다. 그중 몇 명은 나의 목표물이기도 했다.

"왜 너희들 뿐이지?"

기침을 하던 각시탈이 발차기를 맞은 배를 틀어잡으며 그들에게 캐물었다.

"몇몇 단원들이 의협단 녀석들에게 당했습니다."

"제기랄. 당장 저놈 족쳐!"

차림새와 자세, 약지 없는 손들을 보아 그들도 의협단을 배신하고 신조를 져 버린 녀석들인 듯했다. 투신은 가소롭다는 표정으로 어이없어 하며 칼날을 재정비했다. 하지만 아무리 그 라고 해도 제대로 훈련받고 오랜 활동을 해온 굳센 자객 4명과 암살귀를 상대로 이겨내긴 힘들 것이다. 결국 각시탈의 처리는 나의 몫! 그가 던져준 약을 바닥에 얼굴을 처박아 이빨로 씹어 삼키며 잠시 나약한 생각을 했던 내게 기억 하나 떠올랐다.

"자네의 신조는 무엇인가?"

언젠가 타오르는 화로 위에서 받았던 질문.

"복수입니다."

복수! 내 가족들을 위한, 일제를, 이 세상을 향한, 잠시 잊고 있었던 그 사실을 상기시킨 나는 서서히 독이 풀리며 다시 한 번 의지가 충만

해졌다.

나는 배를 움켜잡고 있던 각시탈에게 연막을 파헤치며 달려 나갔다. 연막 속을 뚫고 갑작스레 나오는 잠시 두려워했었던 수리검들. 마음을 다시 먹은 나는 그 공포들을 피해 가며 그에게 계속하여 돌진했다. 마침내 한쪽 무릎을 꿇은 그가 보이자 나는 곧장 암살검을 휘둘렀다. 그렇게 한 합, 두 합, 처음엔 튕겨내던 그의 움직임이 점점 둔해지는 게 느껴졌다. 마침내 내 왼쪽 칼날이 그의 팔에 꽂혔지만 그저 꽂히기만 할 뿐 그의 단복에 피가 살짝씩 스며드는 게 느껴졌지만 더는 힘이 들어가지 않았다. 그 순간 나는 바로 손목에서 암살검을 분리해낸 뒤 왼 주먹을 곧바로 그의 얼굴에 가면이 부서지도록 전력을 다해 휘둘렀다. 그렇게 그의 가면의 반이 깨져 버렸고 내 눈엔 알 수 없는 물이 맺혔다.

기억의 한 편

그의 얼굴은 반밖에 보이지 않았지만 그걸로 충분했다. 삐죽 튀어나온 옆머리와 긴 장발. 빨간 기운이 겉도는 칠흑색 눈과 얇은 눈썹. 뚜렷한 미간과 결정적으로 그의 입술을 겉도는 화상 자국까지. 그제서야 기억난 사실들에 무릎을 꿇고 있는 그의 팔에 칼을 박아 넣고 검정 각시탈 가면의 조각이 꽂힌 주먹을 휘둘렀었던 내 가면의 눈에는 너무나도 오랜만이라 무엇이라 부르는 것인지조차도 까먹은 물이 흐르고 있었다. 왜 그가 의협단을 배반한 채 친일 행위를 하는지는 중요치 않았다. 그는, 그는 내가 유일하게 사랑했었던 세상에 하나뿐인 형제. 현이었다.

우리 집은 오 형제였고 나는 그중 막둥이였다. 형들은 나를 미워했다. 이유는 몰랐다. 나도 그들이 미웠고 그들을 증오했다. 하지만 그들 중 유일하게 넷째 형만이 내 편을 들어주었다. 그렇게 넷째 형도 자연스레 괴롭힘을 당하게 되었다. 매일같이 신명 나게 맞은 우리들은 피를 흘리며 서로 흙바닥에 누워 얼굴을 마주 보곤 무엇이 그리 즐거운지 배시시 웃기도 했다. 함께 맞기도 하고 슬퍼도 하고 행복했던 추억의 우리는 지금 이렇게 칼을 맞대고 있다. 집이 불타버린 뒤 잊어버렸던 혁이 이전의 내 소중한 가족이었던 그는 지금 이렇게 나와 마주하고 있다.

솔직히 알고 있었지만 일부러 외면했을지도 모른다. 형을 만나고 싶었으면서 형이 아니길 두 손 모아 바랬다. 형과의 만남이 너무나도 반가웠지만 이런 식으로 만나는 걸 원했던 건 아니었다. 애석하고 슬프고 한탄스럽지만 이것 또한 하늘이 내린 천명. 서로의 목적을 위해 서로의 목에 칼을 댈 뿐이었다.

고개를 뒤로 젖히고 있던 형은 그대로 내게 머리를 날려 박치기를 했다. 내가 뒤로 밀려나자 그는 자신의 팔에 꽂혀 있던 암살검을 고통스러워하며 빼낸 뒤 암살검을 꺼내지도 않은 채 자세를 잡았다. 우리는 마치 서로에게 말을 찾듯 서로 자세를 잡은 뒤 한참을 대치하였다. 먼저 입을 연 것은 울먹이는 말투의 형이었다.

"덤벼라… 이 혁."

그 또한 눈에 눈물이 맺히고 있었다. 서로를 너무나 사랑했지만 누군가는 서로를 끝내야 한다는 사실이 변하는 법은 없었다. 절망적이고 서로의 가슴에 난도질을 해야만 하는 상황이지만 벗어날 수는 없었다.

나는 눈을 한 번 질끈 감았다. 여태까지 기억나지 않던, 아니 애써 외면해왔던 형과의 추억들이 흩날리는 물방울처럼 생생히 떠올랐다. 함께 얻어맞고 밥도 먹고 가끔 냇가에 놀러 가기도 했던 그럴수록 그 물방울들이 내 눈을 타고 내리고 있었다. 나의 신조는 그렇게 심판대 위에서 흔들리고 있었다.

신조란 대체 무엇인가? 나 스스로에게 그 질문을 내던졌다. 복수? 내 가족을 위한? 그 가족을 위한 복수를 위해 나는 지금 가족을 베어야만 한다. 이건 형과 혁이 사이의 저울질이 아니다. 그저 내 신조가 지금 시험받고 있는 것이었다.

"아직도 신조 따위를 믿나?"

오랜만에 만난 형이 내뱉었던 첫 마디가 기억났다. 이제 나는 어이하여야 하는가. 형도 혁이도 내게는 모두 소중했던 가족이었고 지금 내가 이렇게 된 이유들이었다. 그런 그들 중 그 누구도 난 져버릴 수 없었다. 그렇게 울먹거리던 날 깨우는 건 형의 주먹이었다.

"정신 차려!! 우린 지금 적일 뿐이다! 날 죽이지 않겠다면 내가 널 죽이겠다!!!"

그 역시 울먹거리고 있는 건 마찬가지였다. 하지만 그는 형이라는 이유로 애써 숨기며 아무렇지 않은 척 그의 주먹을 맞고 쓰러져 있는 내게 다가오고 있었다. 그 말을 들은 나는 움켜쥔 주먹을 땅에 내리꽂았다.

내 신조는… 내 신조는… 복수다. 내 가족을 위한, 일제를 향한, 이 세상을 향한! 그렇게 나는 이미 사라져 버린 가족을 위해 하나뿐인 가족을 향해 주먹을 휘둘렀다. 그렇게 우린 다시 서로를 사랑하고 한편으론 증오하게 되었다. 더 이상의 말은 없었다. 그 뒤론 주먹이 오갈 뿐. 난 그가 내지른 주먹을 잡은 채 그대로 자빠트렸다. 그렇게 그는 관중들이 있는 곳까지 굴러가더니 이내 갑자기 사라져 버렸다. 사람들 속에 숨어 버린 것이다. 별 상관은 없다. 이쪽도 피차 훈련받은 암살자이긴 마찬가지니까. 나 역시 몰려 있는 사람들 속에 숨어들었다.

현실의 그편

그렇게 나는 사람들 속에 숨어들어 형을 찾아다녔다. 사람들은 일제히 무대 가운데 계단 위에서 자객 4명과 교전 중인 한량투신을 바라보며 환호하고 있었다. 그는 밀리지는 않아도 고전 중이었지만 당장 더 중요한 건 이쪽이었다. 이쪽은 암살검이 한쪽밖에 없지만 그는 둘 다 있는 상태. 기습엔 더 취약했다. 그렇게 한참을 더 숨어다니던 중 가 측에서 무언가 달려오는 듯한 가시감이 느껴졌다. 다급히 그쪽을 의식하자 그곳엔 칼을 꺼내든 형이 있었다. 그 칼날을 겨우 막은 나는 그대로 점점 밀려나며 교전을 계속했다. 칼이 한쪽 부족했으니 당연히 밀려날 수밖에 없었다. 이대로 밀려나기만 한다면 한량투신과의 대련 때처럼 내 패배는 기정사실일 것이다. 그렇게 묘수를 생각해내기 위해 노력하며 밀려나던 중, 그가 엇박으로 왼쪽 옆구리를 향해 칼날을 내질렀다. 오른쪽 암살검으로 겨우 막아 낼 순 있었지만 오른쪽 상단에 그의 칼날이 하나 더 오고 있었다. 나는 그 칼날을 장갑을 낀 왼손으로 겨우 잡아낸 채 피를 흘리며 서로를 새빨간 서로의 눈을 응시했다. 손에서 흘러나온 피는 점점 더 심해지고 있었다. 지금 상황에서 손을 놓는다면 눈을 잃고 그를 떨어뜨리려다간 손을 잃게 되겠지. 어차피 손해를 볼 상황이었기에 나는 도박수를 거는 심정으로 칼날을 잡고 있는 피를 흘리는 내 손을 점점 그의 손목 보호대 쪽으로 밀어냈다. 손이 베여나가는 고통은 이미 상상을 초월했지만 진짜는 지금부터였다. 완전히 그의 칼날에 안쪽을 잡은 나는 잡은 손의 위치를 튼 뒤 꽉 잡은 채 일전의 했던 유술처럼 내 쪽으로 꽉 끌어당겼다. 그렇게 그는 넘어졌고 나는 그런 그의 오른쪽 손목을 눈을 부릅뜬 채 가차 없이 계속해서 발로 내리쳐 암살 검 하나를 고장 내는 데 성공했다. 그가 손목을 감싸 잡으며 고통스러워하는 사이 난 왼손의 장갑을 벗은 뒤 다급하게 품에서 꺼낸 붕대를 둘렀다. 붕대를 아무리 둘러도 둘러도 그 위에는 선혈이 흥건했기에 가지고 있는 붕대의 대부분을 사용해야만 했다.

"감추어진 칼!"

그 순간 내 이명을 부른 건 1명을 처리한 뒤 남은 적 3명과 교전중인 한량투신이었다. 그는 나를 향해 소리치더니 형의 팔에 꽂힌 뒤 바닥에 널브러져 있던 피가 흥건한 내 암살검을 발로 차 내게로 띄워주었다. 나는 다급히 달려 나가 날아오던 암살검으로 구르면서 남은 한 손에도 암살검을 다시 찼다. 그럼에도 형은 기백을 유지한 채 자세를 잡더니 이내 기합을 내지르며 내게로 달려오기 시작했다.

이젠 상황이 반대였다. 그를 점점 밀어내던 나는 한량투신이 있는 무대의 중앙 쪽으로 점점 그를 밀어냈다. 그렇게 맞물린 두 전투는 하나가 되었고 나와 한량투신은 서로 등을 맞대었다.

"네 형을 죽여버릴지도 모른다."

한량투신은 그 사정을 알고 있었다.

"당신이 아니면 제가 죽이게 될 겁니다."

나는 시야를 가리던 눈물을 닦으며 이를 악물고 말했다. 그렇게 코웃음을 친 둘은 달려오는 3명의 적과 1명의 암살귀에 대항했다. 존재만으로도 든든했던 그와 함께 검을 맞대자 4명의 상대가 형 하나를 상대하는 것보다 쉽게 느껴졌다. 그 역시 내가 마음에 들었는지 우리는 점점 알맞은 합을 맞춰 나가고 있었다.

의협단 내 최고 전력들의 협공에 자객들은 수적 열세에도 불구. 하나 둘 쓰러져 나갔고 결국 상대는 암살귀와 가장 강했던 자객 하나만이 남았다.

"남은 놈은 내가 맡지. 너의 일을 하라고."

그의 말에 고개를 끄덕이자 그는 자객을 향해 달려가더니 이내 그 둘은 다른 곳으로 굴러 싸움을 계속하였다. 그 광경을 지켜본 나도 형에게 달려 나가 검을 휘둘렀다. 그렇게 합을 겨루던 우리는 연회장의 계단, 식당, 복도들을 거쳐 칠흑 하늘 아래서 빛나는 옥상의 정원에 다다랐다.

신조의 저편

 단언할 수 있었다. 이번이 마지막이라고. 내 모든 감각이 그렇게 말하고 있었다. 모든 검을 빼내든 우리는 서로를 너무나 사랑했기에 서로에게 칼날을 휘두르고 있었다. 비록 검이 하나 더 많다고 하나 상대는 지부 하나를 궤멸시킬 정도의 실력자. 죽일 각오로 온 힘을 짜내서 상대해야만 했지만 마음대로 되지 않았다. 그렇게 계속해서 주춤거리던 나를 향해 형은 상당한 위력의 발차기를 날렸다. 그걸 맞고 튕겨 나가 15층 높이의 절벽 위에 지어진 고층 옥상에서 바다로 떨어질 뻔한 허공에서 나의 멱살을 잡은 형이 내게 소리쳤다.

 "싸워라! 네가 간절히 바라던 것을 위해, 너의 신조를 위해!"

 그의 말에 굳센 신조가 내게 힘을 실어 주는 듯했다. 중앙으로 다시 내던져진 나는 자리에서 다시 일어나 자세를 잡고 칼날을 폈다. 다시 서로에게 달려 나간 우리는 형제에게 칼날을 휘두르고, 발을 내지르는 걸 반복했다. 내가 그에게 칼날을 내리치려 하자, 그는 자세를 잡더니 정확한 순간에 칼을 튕겨내 내 칼날이 부러졌다. 당황한 사이에 나는 그에게 발차기를 허용했고 살짝 밀려난 뒤 다시 싸움을 재개하였다.

 "덤벼라!"

 그의 말을 애써 무시하며 이를 꽉 문 채 서로에게 다시 한번 달려 나갔다. 달빛 아래서 같은 이름을 단 형제가 같은 옷을 걸치고 서로에게 마지막이 될 순간을 불태우고 있었다. 그렇게 몇 번 더 합을 겨루자 맞부딪힌 서로의 칼날이 튕겨 나가 부러졌다.

별로 놀랄 일은 아니었다. 오늘 밤만 벌써 백 번 이상 내질렀던 검이니. 이제 남은 건 육탄전뿐이었다. 서로 다른 자세를 잡은 그들은 자신들이 걸어온 길을 마치 서로에게 증명이라도 하듯 주먹을 내질렀다. 각자의 얼굴에 꽂힌 주먹에 그의 가면은 남은 반쪽마저 깨져 완전히 얼굴이 드러났고 내 가면엔 금이 갔다. 서로의 죄책감을 덜어주기 위해 노력하듯 묵묵히 주먹과 발을 휘둘러갔다.

한량투신에게 배웠었던 그만의 무술 덕에 우위를 점할 수 있었고. 주도권은 내게 넘어오고 있었다. 내 발차기에 여러 번 안면 타격을 허용한 그는 몸의 피로가 쌓인 듯했다.

"죽어라! 네 형제들처럼!"

그가 절규하듯 외치는 말에 나도 울분을 토하며 소리쳤다

"형의 형제들이기도 했지!"

그러곤 처음 만났을 때처럼 그의 팔을 타고 날아올라 그의 얼굴에 그때와 같은 발차기를 날렸다. 그에 가장자리까지 튕겨 나간 그는 손만이 간신히 그 난간을 잡은 채 떨어지려 하고 있었다.

처음 그 녀석을 봤을 때 좀 짠했었다. 그게 도와준 이유다. 별거 없다. 그 후 나도 같이 맞긴 했지만 별로 신경 안 썼다. 좋은 친구를, 좋은 동생을 얻었으니.

집에 불이 났을 땐 하늘을 잃은 듯하였다. 아버지도 죽었고 하나뿐인 동생도 잃어버렸다. 그렇게 유일하게 남은 건 아버지의 옷뿐. 그것만을 걸치고 춥디추운 거리를 맴돌았다.

누구도 내게 손을 내밀어주지 않았다. 겨울이 지나자 그들이 내게 함께 가자고 하였다. 의협단. 내 아버지가 속해 있었다고 한다. 그치만 이제 와서? 별다른 방법이 없었으니 그곳에 입단했다. 혹독한 훈련들은 내 가슴 속 깊이 가라앉은 슬픔에 비하면 아무것도 아니었다. 늘 동생만을 생각하며 버텼다. 그렇게 입단식을 거친 뒤 그림자가 되었고 내 신조는 '가족'이었다. 그렇게 몇 년간 활동을 계속해 나갔다. 딱히 사명감을 가지고 했던 일들은 아니었다. 그러던 중 한 번은 목표를 처리하기 위해 그를 미행하니 익숙한 남자가 있었다. 늘 형들에게 붙어 간신짓을 하던 셋째 형. 지금은 친일파가 되어 있었다. 원래 그런 사람이었으니 별로 개의치는 않았다. 그렇게 죽였다.

그러곤 둘째 형을 마주치게 되었다. 그는 늘 다른 사람들에게 거짓말을 하며 나와 동생의 잘못인 것처럼 속였지. 그런 그는 지금 일본의 조약을 강제로 체결시킨 친일파가 되어 있었다. 뭐 원래 그런 사람이었으니 그렇게 죽였다.

얼마 후 첫째 형을 만나게 되었다. 힘이 세다고 늘 우리를 괴롭혔던. 그는 경찰이 되어 독립운동가들을 핍박하고 있었다. 원래 강약약강적 성향을 띄던 사람이었으니 딱히 어떠한 감정도 없다. 그래서 죽였다.

그렇게 남은 가족들을 전부 내 손으로 직접 죽여 버렸다. 회의감이 들었다. 이것이 내 신조의 길이 맞는가? 저들이 내리는 임무에 따라 내 가족이었던 것들을 죽여버리는 게?

그래서 조직을 배반했다. 애초부터 소속감 따위 느낀 적 없었으니. 그렇게 동료들과 이곳으로 올라왔다. 딱히 일본에 우호적인 일들을 하려는 것이 아닌 본부에 훼를 놓기 위한 일들이었다. 김구쯤 되는 거물을 죽인다면 광복은 이루지 못할 일이 될 것이라 생각했다. 그렇게 임무를 속행하려던 찰나. 익숙한 풍채의 남자 한 명이 그 집을 지키고 있었다. 그를 처음 본 순간 나도 모르게 눈에 눈물이 맺혔다. 몇 년간 감정도 없이 살아오던 내가 처음 느낀 것은 깊고 시린 애한이었다. 몇 시간 동안 그를 바라만 보았다. 그러곤 확인하고 싶어졌다. 정말로 내 동생이 맞는지. 그가 왜 단복을 입고 있는지. 그는 정말로 단원이 된 듯했다. 그 후로도 종종 그를 미행하였다. 이유는 기억나지 않는다. 그저 그러고 싶었다.

그리곤 가면무도회가 열리는 날, 드디어 때가 되었다 싶었다. 처음 본 그날처럼 몇 시간 동안 지켜만 보다 마지막이 될지도 모르는 싸움을 시작했다. 오래전 고전했던 강적을 만나기도, 동료들을 잃기도, 왼팔을 잃을 뻔하기도 했지만 상관없었다. 동생과 나누고 있는 지금 이 대화가 너무나도 즐거웠으니. 그러곤 처음 본 그날처럼 나가떨어졌고 지금 그 동생이 날 향해 달려와 손을 잡으며 날 끌어올리려 하고 있다.

"웃기지 마! 멋대로 내 인생에 끼어들기 시작해선 또 멋대로 와서 다시 가려고!?"

내 말에 그는 침묵으로 일관했다. 그저 애처로운 표정으로 내 눈동자만을 들여다볼 뿐이었다.

"인정 못해! 형도 내 가족이란 말이야!"

그렇게 듣고만 있던 형이 입을 열었다.

"동생. 네 신조를 따라 네 인생을 살아."

그 말은 마치 그때처럼 나를 불안하게 만들었고 시야가 빨개지는 것만 같았다. 그 말 한마디를 남긴 뒤 그는 스스로 손을 놓았고 웃으며 바다를 향해 떨어지는 그의 모습을 마지막으로 밤은 저물었다.

거룩히 타오르리니

그 일이 있고 몇십 년 후의 이야기다. 그래 더럽게 오래도 걸렸지. 눈부신 태양과 함께 태극기가 저 높이 게양되었고 사람들은 일제히 자신의 국기를 마음껏 흔드는 자유를 만끽하고 있어. 그 광경을 그저 건물 위에서 지켜만 보는 각자의 신념을 가슴 속에 지닌 약지 없는 암살자들이 그 자리에 함께 서 있어.

근데 아직 이 나라는 완전한 독립을 맞이하지 못했어. 뭐 지금 당장은 광복의 기쁨을 느껴도 되겠지. 열심히 달려왔으니 말이야. 앞으로도 해결해야 할 난제들은 많을 거고 하지만 걱정하지 마. 그래서 우리가 있는 것 아니겠어?

우리들은 늘 깬 상태로 기다리고 있어.

우리 민족은 그 어떤 문제의 앞에서도 거룩히 타오르리니 그 어떤 파도가 감히 그 불을 끌 생각을 하겠나?

그러니 거기서 잘 지켜보고 있으라고. 형

사랑하는 동생 이혁이.

동주를 만나다

* 동주와 함께 한 나의 성장 일기

3학년 3반 권한비

중학교의 끝은 먼 미래라고 생각했었는데, 벌써 중학교 생활한 지 2년이라는 시간이 흘렀다.

나는 고등학교를 바라보고 있는 16살의 중학교 3학년 여자아이이다. 솔직히 내 마음은 가끔씩 나도 알 수 없을 정도로 뒤죽박죽이다. 나는 낯을 많이 가리는 편에 속하고 새로운 환경에도 적응하기에는 오랜 시간이 걸리는 사람이다. 근데 낯을 많이 가린다고 해서 또 눈에 익은 사람들을 만나는 것을 좋아하는 것도 아니다. 오히려 처음 만난 사람보다 나를 너무나도 잘 알고 있는 사람이 가장 무섭다고 생각이 들어 나도 모르게 그 사람에게 선을 그을 때가 많다. 이렇게 언제나 많은 생각과 감정이 스쳐 지나가는 알 수 없는 나인데, 나의 진로에 알맞은 고등학교를 고르라니, 이 무슨 마른하늘에 날벼락 같은 말인가.

그렇게 여러 가지 감정과 앞으로 다가오는 시험과 나의 진로에 관한 고민에 지쳐 갈 때쯤, 나의 눈에 들어온 건 독서 동아리였다. 독서 동아리라… 중학교 2학년부터 슬슬 책에서 손을 떼고 있던 참이었는데, 오랜만에 읽어보는 책이 나쁘지 않을 것 같아서 호기심으로 들어가 본 동아리였다. 그러나 지금 생각해보면 이 동아리에 들어간다는 선택을 한 것이 잘한 것 같다는 생각이 든다. 동아리 부원들은 서로 생긴 모습도 다르고, 성격도 다르다. 하지만 제각각의 성격을 가진 8명의 사람들이 하나의 목표를 가지고 같이 목표를 향해 전진해 나간다는 점이 멋있는 것 같다.

네 번의 책 읽기 활동이 이어지고 우리는 윤동주 시인을 만나러 가기 위해 동대구역의 기차에 몸을 실었다. 우리가 향한 곳은 서울이다. 서울역에서 내리고 밖으로 나온 나는 서울의 높은 빌딩들과 차로 가득 막혀 있는 도로, 대구에서는 보기 힘든 다양한 시설 등을 볼 수 있었다. 정말로 '이곳이 우리나라에 위치하고 있는 도시가 맞는가'라는 생각이 들 정도로 마치 외국에 여행을 온 것 같았다. 역 주위를 이리저리 맴돌던 나는 현재의 서울역 옆에 있는 옛날 서울역을 볼 수 있었다. 옛날의 서울역은 옛날에 지었다고 보기 힘들 정도로 의외로 정교하고 깔끔한 디자인의 역이었기에, 조금 놀랐었던 것 같다.

놀란 것도 잠시 곧바로 밀려오는 허기에 우리는 곧바로 통인 시장으로 향하였다. 워낙 교통이 혼잡해서 우여곡절이 조금은 있었지만, 시장

에서 엽전을 주고 음식을 사서 나만의 도시락을 만든다는 점은 시장 마케팅에도 도움이 되고, 손님들도 즐거움을 얻을 수 있는 일석이조의 활동인 것 같아서 참신하다는 생각이 들었다. 가게 주인분들의 맛있는 음식 덕에 배도 빵빵하게 채우고 갈 수 있었던 것 같다.

시장 탐방을 마치고, 그다음 코스인 윤동주 문학관과 자하문 고개로 향하였다. 버스에서 내리고 본 윤동주 문학관은 지은 지 얼마 안 되어 보이는 세련되어 보이는 건물이었다. 그 안에 들어가 보니, 건물의 크기가 생각보다 작아서 의아했다. 가이드분의 설명에 따르면, 그 건물은 처음부터 문학관으로 활용할 목적으로 세워진 건물이 아닌 수도 가압 시설이었으나, 그것을 허물고 그 자리에 문학관을 세우게 된지라, 문학관이 작을 수밖에 없었다고 한다. 문학관 바깥쪽으로 가다 보니 구석에 위치한 작은 문이 보였는데, 그 문 너머에는 윤동주 시인에 관한 이야기가 재생되고 있는 제 2의 관람실이 있었다. 관람실은 사방이 밀폐되어 있어 내가 마치 감옥에 갇힌 기분이 들었지만, 한편으로는 윤동주 시인이 창씨개명 하였을 때의 그 쓸쓸한 마음과 속죄하는 마음이 느껴지는 것

같았다. 영상으로 본 윤동주의 일생은 성냥의 불씨가 순식간에 타올랐다가 어느 순간 꺼져버리는 것처럼 그의 일생도 서울에 있는 4년 동안 여러 시를 썼다가, 일본군에게 잡혀가서 실험당하고 27살이라는 나이에 사망했기에 성냥의 불씨라고 나는 표현하고 싶다.

윤동주 문학관 근처에 있던 자하문 고개는 계단이 너무 많아 올라가기 벅찼다. 그래도 올라가서 내려다본 아름다운 경치는 어디선가 불어오는 바람과도 잘 어울리는 것 같아 내 눈과 마음을 진정시켰다. 선생님은 이제 이 뒤부터 많이 걸어야 할 것이라 말씀하시며, 우리의 마음을 비장하게 만들었고, 비장한 마음을 가지고 주변 편의점에 들러 음료와 먹거리들을 사며 경복궁으로 향했다. 경복궁으로 향하는 과정은 정말 날씨도 날씨인지라 덥고 힘들고 다리가 후들거렸다. 후들거리는 다리를 이끌고 도착한 경복궁은 옛날의 궁정인데도 불구하고 큰 자태를 뽐내며 자기가 조선 시대의 궁정이라는 것을 제대로 드러내는 것처럼 보였다. 경복궁 외의 그 주위의 다양한 궁정들도 푸른 기와와 멋스럽게 생긴 석고상이 우리를 압도했다.

궁정 탐방이 끝난 우리는 삼성 코엑스로 발걸음을 옮겼다. 삼성 코엑스 내부는 많은 가게들이 줄지어 있었고 사람들로 북적거렸다. 우리는 많은 가게 중 하나인 에그슬롯이라는 곳에서 저녁 식사를 하였는데, 에그슬롯의 햄버거의 맛은 나의 피로함과 후들거리는 다리를 잊게 해줄 정도로 맛있었다. 만일에 내가 서울에 다시 들를 일이 생긴다면 꼭 한 번 더 들르고 싶다. 행복한 저녁 식사를 마치고 선생님께서는 우리에게 자유 시간을 주셨다. 마침 이 시간을 위해 집에서 돈을 꽤 챙겨 왔었던 나는 급하게 이곳저곳을 둘러보다 결국 한 가게에서 인형 하나와 컵을 샀다. 이때 샀던 인형과 컵은 지금도 유용하게 사용하고 있어서 살 때는 돈이 좀 아깝다는 생각이 들었으나, 막상 집에 돌아와서 사용해보니 꽤 괜찮은 선택인 것 같았다.

그렇게 오늘 하루 모든 일과를 마친 우리는 다시 대구로 향하는 기차에 몸을 실었다. 기차 밖의 창문을 바라보며 멀어져 가는 서울을 쳐다보았다. 서울은 우리나라에 있지만 정말로 다른 나라를 여행한 듯한 신기한 도시였다. 정말 즐길 거리도 많고 재밌는 경험도 많았지만, 나는 우리 집이 있는 대구가 그리워졌다. 그래도 대구는 내가 어렸을 때부터 살아온 도시라서 그런지, 아직까지는 대구가 내 마음속의 가장 좋은 도시인 것 같다. 많은 경험과 많은 추억들을 쌓으며 나는 오늘도 미세하지만 조금씩 발전하고 있는 듯하다.

* 윤동주를 만나다

3학년 4반 박상현

> "죽는 날까지 하늘을 우러러
> 한 점 부끄럼이 없기를
> 잎새에 이는 바람에도
> 나는 괴로워했다."
>
> 윤동주 <서시> 中

어릴 적 이 구절을 처음 들었을 때 민족의 얼이 느껴져서였을까. 나는 알 수 없는 설렘을 느꼈다.

시간이 흘러 이 글의 주인 尹東柱를 알게 되었다.

그가 살았던 잠시의 삶 속 나는 무얼 보고 싶어 했을까?

시인이란 슬픈 天命인 줄 알면서도 한 줄 시를 쓰는 삶을 택한 그를 나는 이해할 수 없었다.

그의 자서전을 읽었을 때마저도 그의 인생이 대단하게만 느껴질 뿐 내 질문의 답을 찾을 수는 없었다.

그래서 난 직접 그를 만나보기로 했다.

처음 서울에 도착하여 맑고 푸르른 하늘을 바라볼 때, 경성에 막 도착한 시인은 이런 기분이었을까 생각했다.

사방에 있는 한글에선 그가 봤을 욱일기를 찾을 수 없었다.

내가 바라보고 있는 어쩌면 당연한 풍경은 그의 염원이었을 것이다.

<서울역에 첫 도착 후 찍은 사진>

옛 향기가 나는 시장에서 배를 채운 후 문학관에 도착한 후에야 비로소 그를 만날 수 있었다.

그의 글씨에서 그가 가진 민족을 향한 마음이 느껴지는 듯했다.

시집, 자서전을 읽을 때는 느껴지지 않던 감동들과 내 질문에 대한 답을 받았다.

그는 민족을 위한 글을 쓰고 싶어서 연필을 잡은 것이다.

그 글들을 본 순간 내 가슴 한구석이 채워지는 듯했다.

> "별을 노래하는 마음으로
> 모든 죽어가는 것을 사랑해야지
> 그리고 나한테 주어진 길을
> 걸어가야겠다.
> 오늘 밤에도 별이 바람에 스치운다."

집으로 가는 길에서도 그의 글은 내 머릿속을 계속 맴돌았다.

✳ 성준이의 서울 여행기

3학년 1반 박성준

2022년 6월 1일 날씨 맑음

내가 가장 기대하던 서울에 가는 날이다. 나는 너무 기대되는 마음에 잠 한숨도 못 잔 것 같다.

우리는 7시 30분 계명대역에서 만나 동대구역을 건너 서울역으로 갔다.

서울에 도착하니 정말 대구와는 다른 게 확실히 느껴졌다.

우리는 통인 시장으로 가 밥을 먹는데 거기엔 엽전을 이용해서 사 먹을 수 있는 체험이 있는데 정말 신기하고 또 재미있었다. 통인 시장에서 밥을 먹고 우리는 윤동주 문학관으로 향한다.

윤동주 문학관은 정말 특이한 컨셉트였는데 바로 우물이다! 2~3관이 정말 컨셉트에 맞았는데 2관은 천장이 뚫려 있었는데 그 위로 나무와 하늘이 보였다. 이는 윤동주가 자연을 노래하는 시인이었기 때문이라고 한다. 그리고 3관은 천장이 닫혀 있는데 이는 윤동주의 일본 감옥 생활을 그린 것이라고 한다. 정말 독특했고 시인 윤동주를 더욱더 알 수 있었던 좋은 기회였다.

그렇게 우리는 윤동주 문학관을 나와 경복궁으로 향했다. 경복궁은 정말 볼거리가 많았는데 정말 동서남북으로 사진 찍을 거리가 많았다.

그 뒤로 우리는 코엑스로 향한다. 코엑스로 가는 길에 정말 유명한 길을 지나게 되는데 거기는 미국 대사관, 세종대왕 동상 등이 있는 정말 유명한 길이었다. 빌딩이 하늘의 3분에 2를 가리는 듯 정말로 높고 높은 빌딩들이 줄지어 있는 게 정말 멋있고 웅장했다.

코엑스로 간 우리는 햄버거집에 가게 되었는데 아직은 서울에만 있는 것이라고 말해 주셨다. 계란 반숙이 햄버거에 들어가 있었는데 정말 맛있었다!

우리는 서울 코엑스의 자랑 중의 하나인 별마당 도서관에 가게 되었는데 정말 입이 벌어질 정도로 놀라웠다. 거기서 여러 가지를 구경하였다. 다 너무 신기했고 또 재미있었다.

그렇게 우리는 재미있게 놀다가 대구 가는 기차에 몸을 맡기고 오늘 하루를 정리하게 된다!

나에게 이번 인문학 기행은 정말 큰 의미로 다가오며 다시는 없을 추억이 되었다. 다음에도 서울에 꼭 다시 가고 싶다!!

✱ 우리만의 추억

3학년 2반 박승욱

2022년 6월 1일 수요일

서울을 가기 전 우리 동아리는 몇 주 전부터 준비했다.

매주 월요일 모여 윤동주 시인에 대한 내용을 배우고, 윤동주의 시와 책 등을 읽으며 공부를 했다. 공부를 하면서 우리는 서울 가기까지만 기다렸다. 세 번 정도의 스터디 후 드디어! 서울을 가는 당일이 되었다.

동아리 친구들은 모두 아침 일찍 계명대역에 모여 동대구역으로 갔다. 서울을 간다는 생각에 들뜬 나는 동대구역으로 가는 길에서부터 신이 났다. 동대구역에 도착한 후 다 같이 사진을 찍고 서울역으로 가는 KTX에 탑승했다.

선생님께서 가는 길에 출출할 수 있다고 호두과자를 사주셨다. 기차에 오른 나는 호두과자를 먹었고 하루 종일 돌아다니기 위해 체력을 아끼고자 잠을 자며 기다렸다.

어느새 서울역에 도착하였다.

도착하자마자 가장 눈에 띄었던 것은 버스 정류소였다. 한눈에 보기에도 많은 버스들이 오가고 있었다. 대구와 달리 복잡했던 서울 길 때문에 다음 일정인 통인 시장에 가는 데 어려움이 있었다. 겨우겨우 도착한 우리는 통인 시장에서 엽전을 받고 음식들을 보며 침을 뚝뚝 흘렸다. 이것저것 고르며 맛있게 밥을 먹고 윤동주 문학관을 갔다.

윤동주 문학관으로 가면서 우리는 그동안 배웠던 내용을 되새기며 도착했다. 박물관에서 윤동주의 일생을 보며 많은 생각을 할 수 있었다. 일제강점기에 태어나 일제강점기에 죽었지만 애국심은 누구보다 강한 그가 정말 존경스럽고 놀라웠다. 박물관을 다 둘러보고 마지막으로 하나의 영상을 보았다. 윤동주에 대한 영상이었다. 보거나 읽기만 했지만 영상으로 보면서 들으니 더더욱 마음을 울리고 아팠던 것 같다.

다음 일정으로는 경복궁을 갔다. 경복궁 옆에 청와대가 있어 멀리서 보며 경복궁으로 들어갔다. 경복궁에서 가장 먼저 느낀 것은 '왕들이 이 넓은 궁 안에서 길을 어떻게 찾고 어떻게 이 길을 다 외웠을까…?'하는 생각이었다. 궁이 내가 생각했던 것보다 더 많이 커서 쉬엄쉬엄 돌아다니면서 구경했다.

경복궁을 나오니 앞쪽 거리에 우리가 흔히 아는 큰 회사들이 많이 있었다. 조선일보, 마이크로소프트 등 높은 건물들이 자리 잡고 있었다. 큰 건물들을 보며 나는 다소 멍청한 생각을 했다. 여기에 폭탄, 테러 등이 일어나면 우리나라는 잘 대처할 수 있을까, 경제는 어디까지 떨어질까? 하는 다소 이상한 생각들을 하며 지하철역까지 도착했다. 시청역에서 서울 지하철을 처음 타보았는데 정말 크고 기술이 많이 발달되어 있으며 깨끗하였다.

마지막 서울 일정인 코엑스에 드디어 도착했다. 저녁 먹을 시간이 되어 코엑스 입구에 있던 버거집(에그슬롯)이 눈에 보여 들어갔다. 외관으로 봤을 때의 느낌 그대로 안에도 넓고 분위기가 좋았다. 햄버거가 나오는 동안 친구들끼리 이런저런 얘기를 나누며 기다리는 시간도 즐거웠다. 얼마나 지났을까? 햄버거가 나왔고 오래 기다린 만큼 햄버거는 기가 막히게 맛있었다. 시간이 어느 정도 지나 집에 가기 전 코엑스를 둘러보며 도서관에서 쉬었다. 도서관은 정말 책들이 많았고 인테리어도 깔끔하게 잘 되어 있어서 다음에도 기회가 된다면 꼭 오고 싶은 장소이다.

집에 갈 시간이 되어 다시 지하철을 타고 대구로 되돌아 왔다. 이제는 서울 대중교통을 타봤다고 아무렇지 않게 서울 사람처럼 탔다. 사실 아무렇지 않은 게 아니라 힘들고 무기력해져서 그런 것도 있었다. 기차역에 도착하여 동대구역으로 가는 기차를 타고 오늘 있었던 일들을 생각하며 서울 일정을 마무리했다. 어쩌면 친구들 중에는 쉬는 날 서울에 간다는 것이 싫다는 사람도 있겠지만 나는 너무 좋은 경험과 추억들을 만들고 다시는 이런 경험을 하지 못할 것 같아 뜻깊은 하루였던 것 같다.

* 동주를 만나다!

3학년 4반 윤혜빈

 6월 11일. 나는 우리 동아리에서 서울에 있는 윤동주 문학관을 견학하게 되었다. 서울은 처음이기도 하고 같이 가는 친구들 중 꽤나 친한 친구들이 많아서 정말 기대가 되었다. 실은 당일 5시경에 일어났는데 그때까지도 별 실감이 안 났다. 그렇게 일어나서 준비를 하고 7시에 집을 나섰다. 가는 길에는 견학 생각으로 가득 차서 걸었다. 7시 20분 즈음에 도착했는데 친구들이 장소를 좀 헷갈려 해서 우여곡절 끝에 완전체가 되었다(사실 이건 맞는 표현은 아닌 게, 원래 선예가 올 예정이었으나 모종의 이유로 못 오게 되었다.

정말 아쉬웠을 것이라 생각한다). 결국 원래 출발할 예정이었던 30분보다는 조금 늦게 출발하게 되었으나 걱정할 필요는 없었던 것이, 동대구역에 도착해 선생님께서 위쪽 상가에서 차

를 타서 먹을 호두과자를 사주셨음에도 내려가 기차를 기다릴 시간이 꽤나 남아 있었기 때문이다. 차를 타서 맛있는 호두과자를 먹으며 시간을 보냈다.

갈 때는 KTX를 타고 올 때는 SRT(사실 열차는 KTX, 무궁화호 빼곤 잘 모른다)를 탔다! 갈 때는 아침 풍경과 한강이 인상 깊었고 올 때는 해가 지던 참이라 불빛이 반짝거리는 것이 참 좋았다. 사실 난 갈 때랑 올 때 다 조금씩은 잤다. 음, 안 그런 친구는 없는 것 같지만! 하하, 그래서 왠지 동료 의식 같은 게 생겨서 기분 좋았다! 단체 합숙을 해본 건 정말 오래전이니까. 음, 여기선 왠지 머리를 긁적이며 조금은 슬프게 웃어야 할 것 같다. 그놈의 코로나 때문에 축소되거나 disappear된 학교 일정이 몇 개는 될 것이다……. 때문에 마기꾼이니 뭐니 신경만 쓰이고. 허, 미래에는 이 글을 무슨 마음으로 읽고 있을까? 혹시 유튜브 쇼츠에서 얼핏 본 것대로 방독면을 쓰고 과거 회상하며 참 엄살도 심했다고 생각하는 것 아니겠지? 뭐 좀 주제가 이것저것 엇나가는 것 같지만 이 글과 사람의 묘미라고 생각하며 읽어주길 바란다! 의식의 흐름이 재미있지 않은가?

원래 주제로 돌아가서 우리는 이제 KTX에서 두 시간쯤 보내다 서울역에 도착해 버스 정류장으로 갔다. 기차에서 서울역에 막 내려 올라왔을 때 완전 새로운 세계로 들어온 것 같아 새삼 기분이 좋아졌다. 대구 토박이인데다가, 난생처음 와 보는 서울임에 신이 났다. 그것에 부채질을 한 게 버스가 엄청나게 많았던 것이다. 정류장도 7곳은 넘는 곳이 차도로 한 칸씩 띄워져 있고……. 그때는 영락없이 서울이 원래 다 그런가 보다 하고 충격을 먹었었는데(역시 약 인구 50%의 수도권), 알고 보니 버스환승센터(?)가 일을 안 했던 모양이다. 왜 그랬는지는 내가 알았는지 몰랐는지도 모르겠고, 아! 공사 중이었다고 한다. 어쨌든 곧바로 점심을 먹으려 gogo 했다.

통인 시장으로 가서 만원을 엽전이랑 교환하고 맛있게 음식을 고를 준비를 했다! 근데 난 너무 헷갈렸다……. 애초에 이런 재래시장 같은 곳에 와 보는 것은 정말 오랜만이라 정신이 좀(이 아닌 많이) 없었다. 통인 시장은 기름 떡볶이가 명물이라는데, 이곳을 와 봤던 친구가 말하기를 비추라고 해서 별 미련 없이 안 샀다. 그래서 맛있게 밥을 먹었다! gohan 맛있어요. 계란이 맛있었던 것 같다……. 그리고 사이드 메뉴로 사이다를 샀는데 정말 맛있고 시원했다(오이시~ 이렇게 일본어가 많이 나오는 건 오늘 하루 동안 본 애니 화차가 1배 속으로

15개는 될 것 같기 때문일 것이다……). 그때 많이 생각하진 않았지만 정말 더웠던 듯. 아. 써놓고 보니 사이다가 너무 먹고 싶다……(당의 폐해). 그리하여 맛나게 점심 식사를 마치고 윤동주 문학관으로 떠났다.

버스를 타고 몇 개의 역을 지나 윤동주 박물관에 도착했다. 처음 와보는 서울은 버스 노선도 하나 익숙한 게 없었다. 중간에서 한 바퀴를 돌고 나서 종점인 건지……? 햇볕이 뜨거웠다. 맨 처음에는 이게 딱 내가 좋아하는 날씨라던 친구도 좀 지나니까 날씨 가지고 뭐라 안 하더라. 지쳤던 걸까? 아님 말고ㅎ. 윤동주 문학관에 들어가니 좀 살 것 같았다. 선생님께서 해설사분께 요청하셔서 우리는 해설을 듣게 되었다. 나는 이미 서울로 오는 기차역에서 미처 못 읽었던 〈시인 동주〉를 읽고 온 터라 앞에서 윤동주 시인에 대한 해설을 듣고 있자니 윤동주 시인의 생애가 더욱 가깝게 느껴졌다. 〈시인 동주〉를 읽고 온 것에 대한 보람도 느껴졌다. 인생은 이렇게 사는 거구나 싶다. 보람이 느껴져야 살 만하지.

그렇게 1 전시관에서 해설을 듣고, 2 전시관으로 갔다. 윤동주 문학관은 원래 수도 가압 시설이었는데, 2, 3 전시관은 물탱크였다고 한다. 이 문학관은 큰 주제가 '우물'이라고 했다. 2 전시관은 뚜껑이 열린 물탱크였다. 뚜껑이 열린 우물이라고 생각했다. 위로부터 뜨거운 햇볕이 내리쬐었다. 피부에는 안 좋았겠지만, 나는 좋다고 생각했다. 윤동주 시인의 마음으로 바람, 하늘, 구름. 이렇게 자연을 느낄 수 있었다. 이것이 2전시관의 설치 목적이다. 윤동주 시인의 눈으로 바라보는 것. 그렇게 환상적이지는 않았지만 자연이 느껴졌다. 자연이란 그런 것이라고 생각한다. 자연스러운 것. 특별할 것 없지만 중요한 것.

제2 전시관을 거쳐 제3 전시관으로 들어섰다. 제3 전시관은 '닫힌 우물'이었다. 안에서 윤동주 시인의 생애를 짧게 담은 10분 내외의 영상을 상영했다. 큰 물탱크에 작게 나 있는 문으로 들어가 보니 맨 처음에는 조금 으스스했다. 그러나 곧 괜찮아졌다. 영상을 트니 소리가 크게 울렸다. 영상에서 시를 낭독하는 것을 듣자니 그 목소리의 울림이 나한테도 감동을 준 것 같았다. 좋은 경험이었다고 생각한다. 윤동주 시인의 삶에 대해 생각해 볼 수 있는 기회가 되었다. 윤동주 시인의 삶과 행동이 숭고한 것이었지만 결국 그에게는 죽음의 원인이 되지 않았는가? 물론 그렇게 만든 상황에 죄를 물어야 한다고 생각하지만. 윤동주 시인의 짧은 인생이 안타깝다고 느껴졌다. 아, 근데 촬영 금지라고 문에 진하게 적혀 있는데도 후반에 사진을 찍었던 건지 영상을 찍었던 건지 카메라 소리가 나더라. 조금 기분이 안 좋았다. 그렇지만 다이죠부! 엇……? 생각해보니 이런 글에 일본어를 쓰는 건 윤동주 시인께 실례인가……? 이제 깨달았구먼?? 앗……. 벌써 1시 40분입니다…….

윤동주 문학관을 나와서 문학관 왼편으로 올라가면 시인의 언덕이다. 그렇게 윤동주 문학관을 나설 때 한구석에 기념품인가 엽서 같은 종이와 그곳에 찍는 멋진 그림 스탬프가 있어서 한 명씩 가져갔는데 한 사람씩 안 돌아가기에 한 친구가 나에게 양보해 주었다. 마음만 고맙게 받았다. 물론 누가 가져가서 고이 모셔두고 간직할까마는, 그래도 양보해 준 것이 많이 고마웠다! 오르막을 걸어가니 윤동주의 서시가 새겨진 시비가 나왔다. 그곳에서 단체로 사진을 한 판 찍었다. 조금 더 걸어서, 한양도성의 일부 성벽을 구경할 수 있었다. 한 친구가 만리장성이라며 개그를 쳤다. 선생님은 부끄럽다고 하셨다. 내가 다 웃겨서 얼굴이 빨개졌다. 나중에 알았는데 그곳에 차려진 카페에서 한잔하려는 계획이었다고……. 날씨가 너무 더워서 패스하셨다고. 조금 아쉽지만 문제없음!

지하철을 타고 청와대 쪽으로 갔다. 지금 딱 2시입니다……. 청와대가 입체적으로 보이는 게 신기했다. TV나 뉴스에 실린 사진으로는 좀 주위가 한적할 줄 알았는데 아니더라. 건물이 생각보다 붙어 있었다. 우리는 그 앞쪽(?뒤쪽?)에 있는 경복궁으로 들어갔다. 들어오기 전 CU에서 2+1로 붙어있던 모구모구를 3000원 기프티콘으로 샀다! 경복궁으로 들어와서 명성황후님 궁 마루에 앉아 먹는데 정말 맛있었다(꿀

맛! 지금 먹고 싶은 음료수 두 개인 사이다와 모구모구를 섞으면 정말 맛있을 것 같은 예감이!!!). 어, 근데 황후님 거처에서 이렇게 좋아하고 있어도……? 에이 생각을 너무 많이 한다. 이쯤 되면 뇌절이다. 경복궁 몇 곳을 지나며, 가장 넓어 보이는 곳으로 갔다. 그곳에 앉아 쉬면서 사람들을 보았는데, 호위무사 복장이 탐났다. 세트인 것 같이 보이는 가짜 칼이 특히나 ㅋㅋㅋㅋ. 오랜만에 한복을 보고 예쁘다고 생각했다. 다른 뜻이 있어서가 아니라 이런 생각할 기회가 없었기 때문이다.

경복궁을 나와 시청역까지 걸어갔다. 지금 선생님께서 쓰신 블로그의 글을 참고하며 쓰고 있는데요, 왜냐면 제가 무슨 역을 지나갔는지는 물론이고 어딜 언제 갔는지도 기억이 나질 않기 때문입니다. 기억이 무슨 짓을 했는지 얼기설기 얽혀 있기에 선생님의 글이 많이 도움이 되었습니다. 이렇게 헷갈리는 길을 잘 인도해 주신 선생님께 감사합니다. 그리고 이런 재미있는 여행으로 인도해 주신 하나님께도.(좀 뜬금포지만 필자는 독실한 기독

교인이라서. 독실하다고 자기 입으로 말하면 좀 그런가) 그래서 시청역으로 걸어가며 온갖 대기업들의 건물을 봤는데 정말 사진 속에 있을 법한 건물이 내 앞에 있어서 신나고 신기하고 재미있었다!

다시 지하철을 타고 새로운 역으로 갔다. 그 역의 에그슬롯에 가서 햄버거를 시켜 먹었다. 반숙이 맛있었다! 에그슬롯은 아직 서울 밖에 없다고 한다. 미국 브랜드라고 함. 여기는 강남인 것 같은데 별마당 도서관이라는 정말 크고 인테리어가 예쁜 도서관이 있었다. 그런데 만화책은 어린이 학습만화, 좀비 고등학교 같은 만화책밖에 없더라. 만화책을 왜 찾아봤는지……참 뻘짓을 했다 싶다. 가까이 있는 샵에 들러서 오랫동안 기념품 살 걸 고민했어야 하는데. 정신없이 도서관에 빠져서 구경만 하고 있었다. 끝에 후다닥 가서 키링을 사 왔는데 가격이 서울 물가라 그런지 안 그렇게 보이는데도 만원이 나왔다. 다른 친구는 가성비 갑인 귀엽고 실용적인 컵을 사 왔던데 그걸 같이 살 걸 그랬다. 그렇지만 추억을 산 거라 생각하며 전환을 했다! 그리고 귀여우니까 괜찮아!

다시 지하철을 타고 SRT를 타러 갔다. 가면서 많이 졸았다. 그리고 민경이가 준 사탕이 맛있었다. 사실 서울 올 때도 줬다. 그렇게 편안-하게 동대구역으로 와서 우리는 택시를 타고 신당중학교 앞까지 왔다. 사실 여기도 우여곡절이 많았는데 남학생끼리 탄 택시가 다른 중학교로 갈 뻔했다고. 택시 기사님이 잘못 들었다고 하셨다. 물어보니까 그 택시는 말이 안 끊겼다고 한다! 그 차는 정말 재미있게 노셨나 보다. 신당중 앞에서 모여서 작별 인사를 하고 집이 삼성 명가인 사람들은 선생님께서 태워주신다고 하셔서 나와 친구 두 명은 빠르고 안전하게 집까지 도착했다! 한 친구는 10시까지는 아직 5분이 남았으니 노래방에 가고 싶다고 했다. 선생님께서는 내일 학교 와야 한다며 어여(어서) 들어가 자라고 하셨다. 그래서 결국 그 친구는 집에 들어갔다. 잘 자지 않았을까? 난 한비와 이야기하며 집까지 바래다주고 왔다! 난 집에 들어와 씻고 뭘 했는지는 기억이 안 나지만 11시 넘어서야 잤던 것 같다. 정말 이번 여행은 재미있었다. 다음번에는 어느 섬에 간다는데……. 정말 기대된다! 3시간 20분 지각이에요 님아…….아니 더 늦었구나.

＊ 나의 서울 기행 답사기

3학년 1반 장민경

 2022년 6월 1일, 나는 선생님, 친구들과 함께 서울로 여행을 가게 되었다. 나는 친척 집이 서울에 있어서 명절마다 가곤 했지만, 여행을 목적으로 서울에 가는 것은 처음이라 굉장히 떨리고 설레었다. 당일 아침 7시 30분에 계명대역에서 선생님, 친구들과 만나 동대구역으로 이동해 KTX를 타고 서울로 갔다. 서울로 가는 KTX 안에서 호두과자도 나눠 먹고 바깥 풍경도 구경하며 서울역에 도착하기를 기다렸다.

 서울역에 도착하여 내리니 사람들이 정말 많았다. 서울역을 나와 보니 높은 건물들이 늘어 서 있었다. 그리고 서울역 옆에는 구 서울역(경성역)이었던 문화역 서울 284라는 곳이 있었는데 선생님께서 과거 일

제강점기 때 윤동주 시인이 연희 전문학교(연세대학교)에 진학하기 위해 입학시험을 치러 이 역에 왔었다고 설명해 주셨다. 서울에 오기 전, 동아리 시간에 〈시인 동주〉라는 책을 읽었는데 그 책의 앞부분에 이 내용이 담겨 있다. 책을 미리 읽고 서울에 와서 윤동주 시인이 왔던 곳을 직접 오게 되니 너무 실감 나고 흥미로웠다.

밥을 먹기 위해 버스를 타고 통인 시장에 가기로 하였는데 버스 정류장이 너무 많아서 우리가 타야 하는 버스가 있는 정류장을 찾는 게 조금 어려웠다. 다행히 우여곡절 끝에 버스를 타고 통인 시장에 도착했다. 통인 시장에서는 지폐를 엽전으로 바꾸어 먹고 싶은 음식을 자유롭게 도시락통에 담아 먹을 수 있다. 나는 냉모밀, 닭강정, 추억의 도시락을 담아 와서 먹었는데 매우 맛있었다. 특히 닭강정이 눅눅할 줄 알았는데 바삭바삭해서 맛있었다.

통인 시장을 나와 버스를 타고 윤동주 문학관에 도착하였다. 문학관의 해설사께서는 윤동주 문학관은 윤동주가 연희 전문학교에 재학하던 시절, 소설가 김송의 집에서 정병욱과 함께 하숙하며 산책을 즐기고 세수를 하던 곳을 개조하여 문학관으로 만들었다고 하셨다. 문학관은 3개의 전시실이 있었는데, 그중에서 제2전시실과 제3전시실은 물탱크를 개조하여 만들었다고 해서 놀라웠다. 문학관에서 해설을 듣고 나니 윤동주 시인의 짧지만 강렬했던 일생을 알게 되었고 윤동주 시인이 존경스러웠다. 문학관을 나와 시인의 언덕으로 가서 '서시' 시비도 보고 서울 전망도 구경하였다.

윤동주 문학관에서 청와대와 경복궁, 시청역까지 이동하였는데 이동하는 길에 볼거리가 많아서 다리는 아팠지만 재밌었다. 특히 경복궁이 또 오고 싶을 만큼 하나하나가 다 이뻤고 날씨도 좋아서 산책하기 좋았다. 그리고 광화문 광장을 옛날에 가보고 한동안 안 와서 이번에 오랜만에 온 거였는데 오랜만에 오게 되어서 기뻤다.

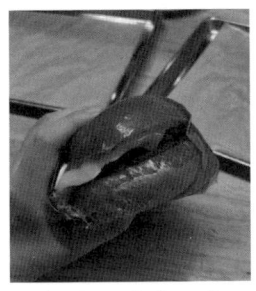

지하철을 타고 삼성 코엑스에 도착하여 에그슬럿에서 저녁밥을 먹었다. 에그슬럿에서 햄버거를 먹었는데 다른 햄버거와는 다르게 안에 계란이 반숙으로 들어있어 고소했다. 음료수도 상큼하고 달콤해서 맛있었다. 햄버거를 먹고 나서 코엑스 안을 둘러보았다. 볼 것이 많아서 재밌었다.

코엑스를 보고 지하철을 타서 수서역에서 내린 후 SRT를 타고 집으로 갔다.

코로나로 인해 수학여행, 현장체험학습 등 여러 활동들이 취소되어서 선생님, 친구들과 함께 어디로 놀러 가는 것을 많이 하지 못해서 아쉬웠는데 이번을 통해 같이 당일치기로 여행도 가고 깨달은 것들도 생겨서 굉장히 뜻깊고

좋았다. 그리고 동아리 시간에 읽은 책과 이야기한 내용을 이번 여행으로 다시 알게 되어서 행복했다.

근사한 하루를

인쇄일 인쇄 2023년 01월 27일
발행일 발행 2023년 02월 09일

지은이 2022 신당중 독서 인문 동아리 "읽고 사랑하고 기도하라"
3-1 박성준, 3-1 유효린, 3-1 장민경, 3-2 박승욱, 3-2 박선예,
3-3 권한비, 3-3 전상혁, 3-4 박상현, 3-4 윤혜빈

편집 김지홍
디자인 조혜원

펴낸곳 도서출판 북트리
펴낸이 김지홍
주소 서울시 금천구 서부샛길 606 30층
등록 2016년 10월 24일 제2016-000071호
전화 0505-300-3158 | 팩스 0303-3445-3158
이메일 booktree11@naver.com
홈페이지 http://booktree11.co.kr

값 12,000원
ISBN 979-11-6467-127-4 03810

· 이 책은 저작권에 등록된 도서로 저작권법에 따라 무단전재 및 복제와 인용을 금지합니다.
· 이 책내용의 전부 및 일부를 이용하려면 저작권자와 도서출판 북트리의 서면동의를 받아야 합니다.
· 잘못된 책은 구입하신 서점에서 바꾸어 드립니다.